어떻게 살 것인가

최재목의 무덤기행

어떻게 살 것인가

최재목의 무덤기행

최재목

열린시선

머리말

1

어릴 적 나는 생가 근처 뒤 산자락의 묘지 위에서 형과 동생, 친구들과 사시사철 참 많이 뛰어놀았다. 겨울에는 썰매를 타고 봄에는 할미꽃을 꺾으며, 봉분을 뛰어넘고, 비석에 올라타거나 매달리며 철없이 나댔다. 그리고 동네 사람들이 죽어서 내가 놀던 산에 묻히는 것을 보았다. 언제나 무덤은 삶의 연속선상에 있었다.

나이가 들면서 무덤은 나에게 많은 것을 생각하게 하는 한 권의 두툼한, 넘어설 수 없는 책이 되어 있었다.

침묵과 무언의 책. 그 고요가 산 자를 불러 모으고, 다시 산 자가 죽은 자를 호출하여 자신에 대해 대신 말하도록 내버려 둔다. 무덤은, 죽은 자에게는 그를 잊지 않고 기억하게 해주는 '추억과 기억의 장치'이고, 산 자에게는 죽은 자를 통해서 스스로의 죽음을 생각하게 하는 '전망과 성찰의 장치'이다. 죽은 자는 말이 없다. 그를 스토리텔링 하는 것은 산 자이다. 무덤은 그 사람이 차마 못다 한 삶의 이야기를 산 자를 통하여 마저 다 털어놓고, 얘기하며, 완성케 하는 묘한 공간이다.

무덤은 한 인간의 삶이 남긴 최후의 표시다. 빈손으로 왔다가 빈손으로 가는 삶의 종결에서 운 좋게 더해진 프리미엄이다. 한 마디로 '무(無)'에서 건져낸 '덤', 무의 덤이다.

언젠가부터 나는 '무(無)의 덤'으로서 무덤을 생각하게 되었다. 태어난 자는 누구나 그곳으로 가게 되어 있다. 그 앞에 고개를 숙이고 무릎을 꿇는다. 무덤은 인간의 어떤 스승보다도 더 위대한, 그러나 비정한 무언의 스승이다. 그 앞에 서면 겸손해진다. 살아 있는 인간은 죽은 자가 남긴 마지막 표시, 그 침묵의 공간을 쳐다보며 더 이상 되돌릴 수 없을 자신의 죽음을 생각할 것이다.

'죽는 존재'로서의 인간. 그런 운명 앞에서, 남아 있는 자신의 시간을 헤아려 보며, 진지하게 묻게 될 것이다. "자, 어떻게 살 것인가!"

2

몇 년 전 약 1년간(2018.9~2019.7) 나는 〈교수신문〉에 〈최재목의 무덤기행: "무덤에서 삶을 생각하다"〉를 월 1회씩 연재하였다. 독특한 이력을 가진 인물의 무덤을 찾아가면서 죽음, 그리고 삶에 관한 인둔적 철학적 이야기를 풀어내 보고 싶었다. 궁극적으로 그들의 무덤을 찾아 스스로 '어떻게 살 것인가'를 되묻고 싶었던 것이다. '생(生)에서 사(死)를'이 아니라, '사에서 생을' 바라보는 방식으로 말이다.

나는 소록도, 거문도, 청산도, 손죽도, 초도, 천리포수목원, 불일암, 해인사 등등 이곳저곳으로 떠돌았다. 다음 인물들을 만나기 위해서였다.

- 박열의 부인이자 일제에 항거했던 아나키스트 일본 여인 '가네코 후미코(金子文子)'
- '아흐, 꽃같이 서러운' 나병 시인 한하운(韓何雲)
- 거문도 '둥긂[圓]'의 실학자 김류(金瀏)
- 해인사 초대 방장 성철(性徹)
- 무소유 스님 법정(法頂)
- 한국 최초의 사립 수목원 설립자 민병갈(閔丙渴)

이들의 무덤 앞에 서면 꼭 엄숙한 순간만이 기다리고 있던 것은 아니다. 각자가 살아낸 치열한 삶의 의미를 다시 생각해 보는 기쁨과 즐거움도 함께하였다. 그래서 '즐거운 무덤 탐방'이 될 수 있었다. 자유롭게 발걸음을 옮겨 다니며 죽은 자들의 흔적을 대면하는 것은 보통의 여행이 아니라 '죽음을 찾아다니는 여행', '죽음 공부가 있는 유랑'이었다.

원래 나는 국내만이 아니라 지중해, 러시아 등지의 해외로 가서 니코스 카잔차키스와 톨스토이 등등의 무덤을 찾을 계획이었다. 그러나 코로나가 시작되어 불가피하게 이 책에 담긴 인물만으로 일단 끝내고 말았다. 기회가 된다면 향후 당초에 품었던 생각대로 연재를 이어가고 싶다.

연재가 끝난 뒤 나는 가네코 후미코의 흔적을 더 살피고 싶어 2회에 걸쳐 그녀의 흔적이 남아 있는 일본의 여러 곳(도쿄, 요코하마, 야마나시현, 도치기현)을 방문하여 자료를 모으고, 글을 써두었다. 아쉽게도 이 책에는 함께 싣질 못했다.

마지막으로 '무덤기행'의 연재 기회를 준 〈교수신문사〉 측에 감사드린다. 그리고 상업성 없는 이 책을 흔쾌히 간행해 준 영남대학교출판부에 감사드린다.

2024.7.

亘亘齋에서

최재목 쓰다

차례

한하운韓何雲(1919~1975)
"아흐, 꽃같이 서러워라" 가도 가도 붉은 황토길

가네코 후미코金子文子(1903~1926)

일제에 항거했던 아나키스트 일본 여인!

일본인으로 태어나 조선의 해방을 위해 저항하다가 스물셋의 나이로 조선 땅에 묻힌 아나키스트 가네코 후미코. 경북 문경, "나의 국적은 천국"이라 외쳤던 그녀의 단출한 무덤엔 왠지 모를 천국의 평온이 깃들어 있는 듯했다. 녹음이 짙은 7월 어느 날, 꽃다운 나이에 감옥에서 스스로 생을 마감한 그녀는 '소멸'이 아닌 '영원한 실재'로 다시 피어났다.

1. '방법'으로서 가네코 후미코

무엇이-나를-이렇게-만들었나?

지난해 가을부터 올해 봄까지 나는 후미코를 찾아다니며 사자死者와의 대화를 시작했다. 문경의 봉분을 쳐다보며, 그리고 그녀가 7년을 살았던 부강芙江(세종시 부강면 부강리)의 산과 강물을 쳐다보며, 그녀를 회상했다.

가네코가 쓴 옥중수기 『무엇이 나를 이렇게 만들었나何が私をこうさせたか』를 틈틈이 읽어 가며, 내 내면의 많은 생각들을 나는 지웠다 쓰고 썼다가 지우곤 했다.

> 영화 「박열」 이후 새롭게 주목받은 가네코 후미코. 그녀는 일본의 아나키스트이고, 독립운동가인 박열의 동지이자 부인이었다. 식민지 조선의 자유와 해방을 위해 싸우다 23세의 나이로, 우쓰노미야宇都宮형무소 도치기栃木지소에서 목매달아 죽었다. 자서전이 된 그녀의 옥중수기 제목을 나는 '무엇이-나를-이렇게-만들었나?'라고 떠듬떠듬 끊어서 읽고 싶다. 무언지 모르는 안타까움 때문이다. 그녀는 "무엇이 나를 이렇게

만들었는가. 나 자신도 이에 대해서는 말하지 않을 것이다"고 했다. "마음이 있는 독자라면 이 기록으로 충분히 알아 줄 것"이기 때문이었다.1

그녀의 묘는 현재 경상북도 문경에 있다. 박열의 유해가 북한에 있으므로, 그녀는 홀로 거기 묻혀 있다. 사르트르의 희곡 '무덤 없는 주검'에서처럼, 참다운 인간으로 저항하며 해방을 위해 살던 사람들은 모두 그렇게 외롭고 힘들었다. 외로움에 주저앉지 않고 '고절孤絕(절대고독)'을 안전지대로 삼아, 식민지 조선의 해방을 위해 투쟁한 그녀에게서 나는 일단 많은 것을 빚지고 있다는 생각을 했다.

『가네코 후미코』를 쓴 야마다 쇼지山田昭次는 가네코를 "식민지 조선의 고통과 해방을 위해 투쟁하며, 일본제국에 항거했던 한 아나키스트"라 평가했다.2 한국인 가운데 고국이 아닌 타국의 자유와 해방을 위해 죽어 간 사람이 있던가. 솔직히 내겐 그런 배움도 기억도 없다.

불안한-외로운 '나'=안전지대

1903년, 가네코는 일본의 요코하마에서 출생. 부모에게 양육을 거부당해 출생신고가 이뤄지지 않았다. 그래서 '무적자無籍者'로 일본의 친척 집에 맡겨져 자랐다. 이후 1912년 충북 청원군 부용면(현 세종시 부강면) 부강리에 살고 있던 고모의 집에 들어갔다. 학대를 당하면서 약 7년간 조선 생활을 하게 된다. 여기서 그녀는 식민지 조선, 조선인의 참상, 아울러 재조在朝 일본인들의 삶을 잘 살필 수 있었다. 1919년에는 3·1운동을 직접 목격하며 한국인들의 독립 의지에 '공감'한다.

가네코는 타자의 울타리-안전권을 벗어나 불안한-외로운 '나'로서 살았다. '나'는 불안한-외로운 곳이지만 마지막으로 찾아낸 안전지대이다. 여기서 동지 박열과 함께 식민지 조선의 고통과 해방을 위해 투쟁했다. 자발적 복종을 거부하고 '고독'을 택했다. '동지', 뜻을 같이한 사람만을 필요로 한다. 타자는 불안-상처의 원천이다. 타자와의 "만남은 최소한 불가피한 경우로 제한된다."3 그런 타자들의 정신세계를 허물어 버리고, 불편한 그네들 사유의 파편을 딛고 서서, 폐허 위에서 새로운 안전지대를 구축해 나간다. 기존의 가치·체제·억압으로부터, 벗어나기 위해 '불화', '망각', '뒷걸음질침', '옆길로 샘', '방황·유랑' 등의 방법들이 활용된다. 폐허 위에서의 새로운 집짓기이다. 어쩌면 그것은 말짱 도루묵일 때도 있다. 아니, 뭔가 하나쯤 건질 수도 있다. 아니면 크게 한 방을 터뜨릴 경우도 있겠다.

어쨌든 폐허 위에서 집을 지으려는 처절한 사유, 그것은 남들에게 보여 주고, 나누는 일이다. 하여, 하이데거의 말처럼 '사유는 곧 감사이다[DENKEN IST DANKEN]'. 가네코 후미코, 그녀의 동지 박열의 사유에 깊이 감사한다. 그리고 많은 빚을 지고 있으면서 '아무 생각 없이', 무사유로 살아왔다. 이

문경 박열의사기념관의 가네코 후미코 설명

세이소쿠영어학원 재학 시절

요츠야경찰서에서(1922~1923년경)

런 생각 끝에 가네코 후미코의 무덤을 찾았다. 우선 문경이었다. 그리고 그녀가 7년을 보낸 부강으로 향했다. 박열의 무덤은 북한에 있으니 갈 수가 없다.

이중의 무적자, "나의 국적은 천국"

그녀는 왜 그렇게 죽어 간 것일까. 그리고 그것은 무엇을 말해 주는 것일까.

가네코를 '나는 나'라는 주체 의식 혹은 에고의 좁은 틀에 가두어 해석하는 것을 나는 반대한다. 물론 그것도 하나의 해석 방법일 수는 있겠다. 그러나 무엇보다도 내가 주목한 것은 일본인이었던 그녀가, '국가적 · 민족적 에고를 초극하는 방법론'이었다. 나는 거기서 미래 동아시아가 걸어가야 할 '방법' 같은 것을 찾아보면 어떨까 생각했다. 어쩌면 그것은 신체의 '무적자無籍者'에서 정신의 무적자로 나아가, 민족-국가의 에고를 허물어뜨린, 결국 불교의 '공空' 같은 무아無我의 지평에 서 보는 일이다.

한편 나는 가네코에게서 허무주의를 만나기도 한다. "곧 이 세상에서 나라는 존재는 사라질 것이다. 그러나 현상은 현상적으로 없어질 뿐, 영원의 실재 속에서 존속한다고 나는 생각한다"4는 대목을 읽으면, 그녀의 허무주의는 '영원의 실재'라는 관념을 통해 자연스레 해소됨을 알 수 있다. 낱낱의 빗방울이 바다에서 평온을 찾듯, 육신의 죽음은 대지의 흙이라는 실재에서 영원히 살아가는 것이다. 따라서 사라지는 육신이나 현상(=籍)에서 파악된 가네코의 허무주의는 '영원의 실재'(=無籍)에서 정화되고, 끝내 '인간 영혼의 자유'를 얻어 낸다. "나는 지금 평안하고 냉담한 마음으로……"라는 '제3의 시야'를 갖는다. 가령 루쉰魯迅이나 나츠메 소세끼夏目漱石에게 과연 '무적자' 관념이 있었던가. 잘 모르겠다.

1924년 1월 22일, 일본 도쿄지방재판소에서 있었던 '제3회 피고인 심문' 가운데 가네코 후미코는 이런 말을 했다.

> 일본 땅에 살면서도 일본인도 아니고 다른 어떤 나라 사람도 아니었다. 나의 국적은 천국에 있었다. 나는 일본사람이 아니었음에도 일본의 제도로부터 정신적 · 육체적으로 견디기 어려운 학대를 받았다.5

그녀가 자신의 조국이 천국이라고 한 말은 그녀를 이해하고 위로해 줄 곳은 이 땅 그 어디에도 없었다는 토로였다. 그녀는 신 · 종교에 귀의하지 않았다. '영원의 실재'만을 믿었다. 나를 알아줄 사람은 오직 저 하나님 한 분뿐이라던 키에르케고르의 불안과 다른 곳에 있었다.

가네코의 고절孤絕을 생각하면 두 사람의 언설이 떠오른다. "나는 삼중으로 고향이 없다. 오스트리아 안에서는 보헤미아인으로, 독일인 중에서는 오스트리아인으로, 세계 안에서는 유태인으로서. 어디에서도 이방인이고 환영받지 못한다"라는 구스타프 말러의 '이방인' 관념. 그리고 "내 조국은 네덜란

드가 아니고 세계다"라는 에라스무스의 '세계'라는 관념. 그것은 일국주의一國主義를 넘어서 있다. 천국은 누구나 죽기만 하면 적을 올릴 수 있는 곳이다. 정신적 이방인들, 이 세계의 무적자들도 적을 얻는, 공동의 묘지이자 나라이다. 가네코는 그런 곳을 쳐다보고 있었다.

'호출'의 의미

가네코 후미코 이야기를 시작하고 나니, 사실 기분이 조금 착잡하기도 했다. 역사 차원에서 일본을 두 번 세 번 더 생각해 봐야 하고, 그들이 남긴 역사적 트라우마 속을 불편한 마음으로 가로질러 가야 하기 때문이다. 독도영유권, 일본군위안부 문제 등등, 한일 간의 현안은 어지간히도 복잡하다. 아니 지금 한일 관계는 꼬일 대로 꼬여 있지 않은가. 그래도 나는 한일 관계를 가네코 후미코를 호출해서 다시 생각해 볼 필요가 있다고 본다.

'호출呼出'이란 '어떤 사람을 일정한 곳까지 오도록 불러내는 것'이다. 내 시선의 앞쪽, 내 사유가 미치는 지점까지 불러내어 '기억'을 되새김하며 번민을 공유하는 최소한의 형식이다. 기억 속에서 일반적-평면적-병렬적으로 있었던 누군가를 특수적-가치우위적 역사 인물로 부각시키는 작업이다. "사물들은 가장 눈에 뜨이는 것까지도 / 거기 정신을 쓰지 않으면, 언제나 그 자리에 없었던 듯, / 요원한 기억 속으로 사라진다"고 했던 루크레티우스의 말처럼, 일제강점기라는 일상 세계에서 가네코 후미코는 또 저 '기억' 속으로 아련히 사라져 갔었다. 그러다가 「박열」이라는 영화를 통해서 다시 우리 곁으로 돌아왔다.

통영의 '박경리 묘'를 찾아, 『일본산고』를 읽다

솔직히 가네코 후미코를 쓰기 시작하니 머리가 조금 복잡했다. 바람을 쐬러 통영에 갔다.

통영에 온 김에 '버리고 갈 것만 남아서 참 홀가분하다'는 말을 남긴 박경리의 묘에도 들러 볼 생각이다. 박경리기념관에 들러 둘러보고, 맨발로 묘소까지 걸어 오른다. 오른손에는 기념관에서 구입한 2013년 출간된 박경리의『일본산고日本散考』를, 왼손에는 신발을 벗어 들고, 터벅터벅 꽃샘추위 속의 산길 포장도로를 오른다. 맨발만큼 참 홀가분한 것도 없다. 인생은, 올 때도 맨발 갈 때도 맨발이기에, 틈틈 맨발의 존재를 확인해 두어야 한다.

3월 중순, 통영의 바다가 멀리 바라보이는 박경리의 묘역은 참 따스했다. 묘비는 없다. 묘역을 덮은 보드라운 잔디는 푸른 하늘, 멀리 바라다보이는 통영 바다의 색조와 호응하며 정갈함을 더한다. 묘소 뒤편으론 감나무가 쭈욱 둘러서 있다. 가을이 되면 주렁주렁 감이 열릴 것이나, 지금은 침묵해 있다.

박경리의 『토지』는 그 자체로 일본의 식민 지배를 증언하는 '일본론'이라 할 수 있다. 그런데, 일본 이야기를 모아 놓은 『일본산고』를 읽으면 일본에 대한 그녀의 생각이 잘 정리되어 있다.

"일본인에게는 예를 차리지 말라."

일본인들을 만났을 때 박경리는 자신을 "철두철미 반일 작가"[6]라고 소개한다. "일본의 양심에 기대하며", 그런 양심이 많아질 때 "진정한 평화"를 일본은 누릴 수 있다고 권고하기도 한다.[7] 그러나 "더러 젊은 사람에게 충고한다"는 대목에서는 예리하다.

> 일본인에게는 예禮를 차리지 말라. 아첨하는 약자로 오해받기 쉽고 그러면 밟아 버리려 든다. 일본인에게는 곰배상(=상다리 부러지게 차리는 상)을 차리지 말라. 그들에게는 곰배상이 없고 마음의 여유도 없고 상대의 성의를 받아들이기보다 자신의 힘을 상차림에서 저울질한다.[8]

강한 자에게 약하고, 약한 자에게 강하다는 일본. 여기서도 그런 이야기를 읽을 수 있다. 힘과 도덕, 어느 쪽을 더 존중하는가의 차이이다. 애당초 일본은 사무라이의 나라이다. 붓[文]보다는 칼[武]이 우선이다. 일본은 과거나 지금이나 병영국가이며, 병학兵學이 기본이다. 그래서 일본은 국가가 국가다움을 낭만적 평화에서 찾지 않는다. 현실적 힘(무력)의

우위에서 찾는다. 따라서 '예의염치禮義廉恥'를 묻는 이상적 왕도王道보다도 권모술수를 활용하는 현실적 패도覇道를 존중한다. 역사적으로 『맹자』의 도덕에 기반하는 성선설보다도, 『순자』의 욕망에 기반하는 성악설에 친숙해 왔다. 우리나라는 어떤가. 조선시대를 보라. 철저한 맹자의 나라였다. 그래서 왕도주의를 사랑했다. 일본은 어떤가. 순자의 나라였다. 그래서 패도주의를 사랑한다. 이 간극을 간과하기 쉽다.

마음에서 우러나와 '상다리 부러지게 차리는 상'을 받을 자격은, 그만한 '예우'를 받을 덕성을 갖춘 인물이다. 이런 입장에서 일본은 칼자루 쥔 무사의 나라로 힘 있는 자를 존중하기에 곰배상이 없다는 것이다. 우리에게 최고는 그들에게는 최저였고, 우리에게 최저는 그들에게는 최고였다. 이렇게 일단 말할 수 있다.

박경리의 묘. 앞쪽으로 멀리 통영 바다가 보인다.

2. 문경, 가네코 후미코의 묘金子文子女史之墓

기행–'이동의 표시', 망각에 맞서며 '옆길로 새기'

가까이 있었으나 가 보지 못했다. 생각해 보니 나에게 그런 곳이 많다. 생각해 보면 참 미안하다. 문경에 있는 가네코 후미코의 묘, 박열의사기념관도 그중의 하나이다.

국가의 벽을 넘어, 민족과 종족의 경계와 차별을 넘어, 인간의 자유와 평등을 위해 '인간끼리 연대'하며 투쟁했던 사람들을 기억하고 찾아보는 것. 나는 그것이 인간으로서 살아가는 특권이자 중요한 윤리라고 생각한다. 기행을 하다 보면 이 땅 발 딛는 곳곳에 상실과 상처, 고통과 허무로 가득하다. 숱한, 갖가지 이유로 죽어 간 억울한 혼령으로 가득하다. 해원解冤하지 못한 억울함의 연옥. 이런 역사의 폐허와 허상을, 내 생각 속에 넣어 미분해 가면 '온고溫故'가 아닌 오히려 '온고溫苦'에서 '지신知新'의 가능성을 느낀다. 그것은 희망이라기보다 차라리 공포이거나 불안이라 해야 옳을 것이다. 자, 어떻게 살 것인

가네코 이장 전 무덤

가. 세상과 불화하며, 불편해하며, 싸워 가야 한다. '나다움을 위해' 그리고 '인간다운 삶'을 위해, 그런 사회를 원하는 사람들과 연대하며! 죽은 자들의 억울함을 푸는 '위령慰靈'도 이런 발상에서 시작될 것이다.

가네코 후미코는, 자신이 쓴『옥중수기』를 편집할 때 참고하라는 부탁의 '바람'을 적은 데서, "기록은 (…) 사실이라는 것에 생명이 있습니다"라고 하였다.9 왜곡과 날조에 익숙한 일제의 역사를 생각하면, '사실'이 '생명'이라는 그녀의 말은 더 깊이 와닿는다. 나의 기행은 기록과 물증을 근거로 '사실'을 확인하며 '해석'하는 일이나, 나 자신과 사회의 망각에 맞서는 방법이고, 내가 떠도는 '이동移動'의 표시이다. 아니 재미없는 이 세상의 허망, 그 옆길로 새어 나가는 방편이다.

비명碑銘을 읽다

박열이 태어난 곳, 경상북도 문경시 마성면 오천리에 '박열의사기념관'이 세워졌다. 입구에 들어서서 왼편 산자락으로 걸어가면 가네코 후미코의 묘소가 있다. 묘역의 오른편에 '金子文子女史之墓금자문자여사지묘'라 아로새긴 비석의 뒷면에는 고인의 일생을 적은 '비명碑銘'이 있다.

내용은 이렇다.10

가네코 후미코 비석

소백산 조령 기슭 여기 이곳에 여류 아나키스트 가네코 후미코 여사가 고이 잠들어 있다. 여사는 1904년 1월 25일 일본 아마나시현에 본적을 두고 요코하마시에서 태어났다. 가난하고 불우한 가정환경 속에 자라난 여사는 한때 고모의 유인으로 한국 땅 부강芙江에서 방랑하였다. 섬세한 감수성과 명철한 두뇌의 여사는 당시 일본제국의 포학한 침략 아래 도탄에 빠져 있는 한국인의 처참한 모습에 남달리 민감하였다.

고모의 학대에 못 이겨 일본으로 되돌아갈 때는 벌써 여사의 가슴 속 깊이 자기의 모국 일본의 부정不正·불의不義에 대한 의분義憤이 도사리고 있었다. 그런 여사가 일본제국주의에 항거·항쟁하던 혁명투사 박열 선생과 생사를 같이할 동지일 뿐만 아니라 부부로 결합하였다는 것은 필연의 결과이다.

흑도회黑濤會와 흑우회黑友會의 맹원盟員으로 활약하던 박열 선생은 여사와 같이 일본제국주의의 상징인 천황을 모살謀殺할 계획을 세워 비밀리에 공작을 펴 오던 중, 1922년 4월에 김중한金重漢, 니야마하쓰요新山初代, 육홍균陸洪均, 장상중張相重, 한현상韓晛相, 서동성徐東星, 서상경徐相庚, 정태성鄭泰成, 하세명河世明, 홍진유洪鎭裕, 최규종崔圭悰, 구리하라 가즈오栗原一男, 오가와 다케시小川武, 노구치 시나니野口品二 등 제씨와 더불어 혁명결사 '불령사不逞社'를 조직하고 『현사회現社會』라는 기관지를 발간하여 과감한 투쟁을 전개하였다. 1923년 9월 동경 대진재大震災 당시에 불령사 맹원 전원이 검거 투옥되었다.

이렇게 검거되어 예심을 받던 과정에서 육홍균 씨 외 13명은 석방되고 박열 선생과 여사는 4년이라는 긴 세월에 17회의 예심을 거쳐 1926년 2월 26일에 제1회 재판 개정을 보게 되었으나, 그들의 사상은 추호의 동요 없이 천황 유해론天皇有害論, 약소민족 해방, 한국 독립의 정당성, 인간의 자유를 시종여일하게 주장하였다. 급기야 그들은 대역죄로 사형선고를 받자 여사는 만세를 외치고 박열 선생은 재판장에게 '수고했군' 하며 조소를 지었다. 이 사상의 일관성, 이 태도의 침착성, 이 생사의 초월성은 만세萬世에 있어 사상가의 귀감이 아닐 수 없다.

동년 7월 23일 여사는 수감 중이던 도치기栃木형무소에서 의문 의 횡사로 그 한 많은 일생을 마쳤으니 향년 23세이다. 동년 동월에 여사의 유해는 그 무서운 일본 경찰의 눈을 피하여 많은 동지와 시숙 박정식朴庭植 씨 등의 정성으로 본국에 반장返葬되었으나, 일경의 날카로운 감시로 성분成墳조차 제대로 못 한 채 50성상星霜을 거치는 동안에 풍마우세風磨雨洗로 그 흔적도 찾기 어렵게 되었다.

이를 안타까이 여겨 동지들은 모든 성의를 모아 유지

들의 찬조를 얻어 봉분을 개축하고 묘비를 세워 그 투혼을 영원히 기념하기로 한다.

1973년 7월 23일
가네코 후미코 묘비건립준비위원회에서 세우다
진성眞城 이원기李源箕 쓰고,
위진慰珍 장종만張宗萬 새기다
찬조위원 김선구金善求, 강석해姜錫海

묘비의 측면에는 묘비건립준비위원회에 참여한 사람들의 이름이 새겨져 있다. 짧은 묘비명이지만 박열과 가네코 후미코의 생애가 잘 요약되어 있다. 설명을 더 하지 않더라도 박열과 가네코 후미코의 생애를 대략 파악할 수 있다.

흑도회 · 흑우회의 '흑': 혼돈—새로운 사회의 설계

비문 내용 중에 있는 '흑도회黑濤會'란 동경에서 조직하였던 사회주의 운동단체를 말한다.

우선 흑도의 '흑黑'은 당시 공산주의 · 아나키즘을 지향하는 단체가 지향하던 이념의 색깔이었다. 일반적으로 '흑'과 '적赤'은 동양의 오방정색 중의 주요색이다. 흑은 북쪽—물[水]을, 적은 남쪽—불[火]을 상징한다. "좋은 사람을 가까이하면 좋게 변하고, 나쁜 사람과 가까이하면 나쁘게 변한다"는 '근주자적 근묵자흑(近朱者赤 近墨者黑)'(趙在三, 松南雜識)이란 성어 속의 색깔 대비는 과거 우리 생활 차원에서 익숙했던 표현이다. 물론 서양에서도 비슷하다. 예컨대 스탕달의 소설『적과 흑』이란 제목에서 보듯, '적=나폴레옹 시대의 군복', '흑=왕정복고 시대의 성직자 예복' 같은 색깔이 갖는 알레고리다. 아울러 고대 켈트인들의 미인 모습에서도 있다. '까마귀 털이 물에 젖은 듯한 검은 머리'+'우윳빛 / 눈같이 흰 피부'+'장미꽃잎 같은 붉은 입술'처럼 아름다움의 극치를 말한다. 그런데 동양에서는 저 춥고 얼어붙은 북쪽의 겨울을 가리킨다. 퇴계 이황의 「천명도설天命圖說」에서 말하듯, 꽁꽁 얼어붙은 북쪽 거기서 물기운을 얻어 내야 봄이 온다고 보았다. 한편 검은색은 혼돈(카오스)의 색이다. 장자莊子가 지키던 옻 밭의 그 '칠흑' 같은 이념의 색이다. 칠흑은 모든 선과 금들을 지워 버리고 결국 자연-자유-평등-생명의 원초로 몰아가는 아나키의 색이다.

황런다는『중국의 색』(2013)에서 말한다.

> 중국의 색 가운데 칠흑색漆黑色은 윤기가 흐르는 흑발을 묘사할 때 쓰이기도 했고 대자연의 하늘 색, 즉 달빛도 별빛도 없는 밤에 대지를 뒤덮고 있는 흑암색黑暗色을 묘사하기도 하는데, 이 색은 사람의 마음을 불안하게 하고 공포와 위협을 느끼게 한다. 칠흑색은 앞에 뻗은 손가락도 보이지 않을 정도로 어두운 밤의 색이기도 하다. 무협소설에서는 무공이 뛰어난 복면자

> 객이 야행복을 입고 밤을 틈타 벽을 넘어 가볍게 적의 수급首級을 얻는 장면이 항상 나온다. 또는 밤도둑이 어둠을 틈타 벽을 넘어 범죄를 저지르기 가장 좋은 시간이다.11

사회주의 사상을 가진 한인들이 1921년 11월 동경에서 흑도회를 결성하고, 박열이 주간을 맡아 기관지 『흑도黑濤』를 발간하였다. 이들은 한국의 현실을 일본의 양심적인 지식인들에게 알리는 등 조선인들의 권익을 대변하는 데 노력하였다. 그러나 일본 무정부주의자의 지도하에 있었던 박열 그룹과, 공산주의자의 영향을 받고 있었던 원종린 그룹은 내부적인 사상적 대립을 겪는다. 무정부주의자는 자유와 평등을 강조하고, 공산주의자는 중앙 집권과 효율을 강조하니, 그럴 수밖에 없었을 것이다. 결국 1922년 12월에 무정부주의 그룹이 이탈하여 흑우회黑友會의 전신인 풍뢰회風雷會를, 공산주의 그룹은 1923년 1월 북성회北星會를 조직한다. 따라서 흑도회는 해체된다.

불령사不逞社의 '불령': 뻔뻔스러움=자유를 향한 열정

『흑도』의 간행은 제2호로 끝나고, 박열과 가네코는 같은 해(1922) 11월 이 잡지를 대신하여 『뻔뻔스러운 조선인太い朝鮮人』을 창간하였다. 처음 이들이 정한 제목은 『불령선인不逞鮮人』이었으나 경시청이 허락해 주지 않자, 그때 경시청 관계

자가 '뻔뻔스러운 놈'이라고 한 말에서 힌트를 얻어 『뻔뻔스러운 조선인』으로 하였다고 『재관기록』은 말한다. 그러나 이 책의 난외欄外에는 '불령선인不逞鮮人'이라는 제목이 붙어 있다. 이 표제를 단 의도는 일제가 말하는 '불령선인'이 조금도 '뻔뻔스럽고 무례하지 않음'을 일본 민중들에게 알리고 싶었던 것이다. 가네코는 「이른바 블령선인」이란 논설(불령선인, 제2호)에서 '불령선인'이란 "어디까지나 자유를 향한 열정을 안고 살아가는 인간"이며 "아무리 제멋대로 진압책을 내세운다 해도 또 아무리 교묘한 단속법을 시행한다 해도, 우리 불령선인은 오늘날 일본과 조선의 관계가 이대로 계속되는 한, 늘면 늘었지 결코 줄어들지는 않을 것이다"고 선언하며 글을 맺는다.12

1923년 4월경 박열은, 흑우회 활동과는 별도로 항일 비밀결사인 불령사不逞社를 재일한인 등과 함께 만든다. 불령사의 '불령'이란 원래는 『춘추좌전春秋左傳』(襄公 10)에 나오며 '검속·단속되지(逞) 아니하다'는 뜻이다. 다시 말해서 '불만을 품고 법도에 맞지 않는 무례한 행동을 하는 것. 외부의 명령에 따르지 않고 제멋대로 행동하는 것'이다. 그래서 불령사란 한마디로 '뻔뻔스럽고 무례하지 않은 당당한 조직'쯤으로 풀이하면 되겠다.

불령사의 멤버는 박열과 당시 동거녀 가네코 후미코, 홍진유, 육홍균 등 15명, 구리하라 가즈오, 니야마 하쓰요 등 일본인 6명, 총 21명이었다. 같은 해 9월 일제는 불령사를 대역大逆 사건을 일으킨 비밀결사로 지목하여 이들을 모두 체포하였다. 관동대지진(=동경대진재東京大震災) 당시 조선인 6천 명 이상을 학살한 일제는, 학살의 책임을 모면하려고 이 단체를 폭동을 계획한 비밀결사로 몰아가려 계획하였지만 진실이 드러남에 따라 실패하고 말았다.

무덤 속, 과연 '유골'은 있을까

비명에서 밝힌 대로, 1926년 7월 23일 가네코는 수감 중이던 도치기형무소에서 의문의 횡사로 그 한 많은 일생을 마쳤다. 1926년 7월 31일자 『시대일보』에서는 "不敬罪囚朴烈妻불경죄수박열처 金子文子금자문자의 寂寞적막! 우도궁형무소에서 적막하게 / 남편 박렬의 꿈자리에 락화만"이라는 기사를 실어 투옥의 적막한 사정을 전하고 있다.

가네코의 유해는 일본 경찰의 눈을 피하여 많은 동지와 시숙 박정식 씨 등의 정성으로 본국에 '반장返葬'되었다. 하지만 일경의 감시로 '성분成墳'조차 제대로 하지 못한 채 50성상을 거쳐 흔적도 찾기 어렵게 되었던 것이다.

유골을 인수하기 위해 박열의 형 박정식 씨가 동경으로 갔지만, 일제가 방해하면서 직접 가져오지 못하고 경북 상주경찰서가 인수받았다. 1926년 12월 24일자 『중외일보』에는 "金子文子遺骨금자문자 유골을 가지고 들어왓나 하야 朴烈親兄박열친형의 入京입경을 注目주목"이라는 기사가 실린다.

가네코 유해 반송 여부에 관심이 쏠려 있었음을 보여 준

시대일보

不敬事件朴烈妻

金子文子의 寂寞!

某事件으로 晋州에서 또 召喚

私刑한 米

許時模

박열과 가네코의 옥중결혼 및 집필 소식 보도

다. 상주경찰서는 가네코의 유골을 팔령산 밑에 가매장해 버리고 박열의 가족이 제사를 못 지내도록 감시하였다. 이렇게 해서 그녀의 묘는 해방 때까지 버려진 채 있었다. 일본인들이 유골을 다시 일본으로 가져가려고까지 했다고 한다. 그 이유는 무엇인가. 한국에서 가네코를 기억하고 추모하는 것을 두려워했기 때문이리라. 1973년, 마침내 불령사의 옛 동지 등이 모여 문경읍 팔령리 산중턱의 가네코 묘에 비석을 세웠다. 그리고 2003년, 박열의 고향 문경시 마성면 오천리의 '박열의사기념관' 경내로 이장하였다. 이런저런 복잡한 사정은 야마다 쇼지의 『가네코 후미코』에 자세히 기록되어 있다(303~308쪽 참조). 읽을수록 드라마틱하되 눈물겹다!

나는 여러 가지를 의심해 보았다. 과연 현재 가네코 후미코의 무덤에 그녀의 유골이 있기나 한 것일까. 팔령산 밑에 가매장할 당시 유골함이 있었던 것일까. 유골함이 있었다 하더라도 그 속은 텅텅 빈 것은 아니었을까. 아니면 매장된 유골함을 일제가 몰래 도굴해 간 것은 아니었을까. 여러 가지 발칙한 상상과 의심을 해 본다.

3. '국가 · 민족'을 넘어, '인간'으로, 각자 '주인'으로

옥중 편지의 '사상'과 '글쓰기'

가네코가 쓴 옥중 편지를 읽어 본다. 대부분 연월일 · 수취인 불명의 편지인데, 그것이 보관돼 왔다는 것이 신기하다. 내가 이런 기록들에 주목하는 것은 20대 초반 그녀를 '행동'하게 만들었던 '사상', 그리고 '글쓰기'에 대한 것이었다. 만일 가네코가 몇십 년을 더 살아 버텼더라면, 필시 그녀는 사상가로서 성공했거나 또한 작가로서도 큰 성과를 거두었으리라 확신한다.

'사상'은 개인적인 행위와 신체동작을 가능케 하고, 나아가 사회적인 활동과 실천을 작동케 하는 '디서플린'이자 '지적 장치'이다. '글쓰기'는 한 인간이 갖던 사상의 전시display이자 생각의 문법을 골조로 지은 광장agora이거나 패션fashion이다. 가네코 후미코라는 한 인간이 스스로의 삶을 태워서 남긴 저 '문자 사리文字舍利', 아니 그것을 떠나 진리의 몸[法身]이란 게 따로 있기나 할까. 아니, 그녀의 '글과 사상'이 바로 진실한 '그녀 자신'이었다.

박열과 가네코 후미코는 1923년 9월 일왕·왕세자 폭탄 처단 혐의로 체포되어, 사형의 날을 앞두고 도쿄 재판소 예심 법정의 의자에 앉아 포즈를 취했다(1925년 4월 9일 예심판사 다테마쓰 가이세이立松懷淸) 촬영.

'감옥의 밤'='죽음의 잠자리'에서 쳐다보는 달

펜을 잡으면 다시금 가슴에 밀려드는
내 과거의 수많은 슬픔들.
홀로 어루만지며 부질없이 안타까워하네
내 손가락에 박힌 못의 안타까운 기다림을.
내가 손가락을 주목하지 않는 사이
철격자 밖에서 겨울비 내리네.
애처로운 취사장 기적 소리는 겨울 하늘로
천식에 걸린 목소리처럼 울려 퍼지는데.13

죽기 6개월 전(1926.1.22), 「변호사 야마자키 게시야에게 보낸 편지」의 끄트머리에 쓴 '야마자키 씨께'라는 제목의 시이다. '철격자 밖에서' 내리는 '겨울비'는 비극과 파탄의 어두운 박자요 차가운 대지를 두드리는 슬픈 헛발질이다. 그것은 바로 희망의 부재, 퇴락과 파탄의 알레고리이다.

4월 24일(연도 · 수취인 불명)의 편지에 그녀는 또 이렇게 적는다: "나의 마음은 이상할 정도로 조용하게 가라앉아 '진여眞如'라고 말하고 싶을 만큼 고요해집니다. (…) 모포를 뒤집어 쓰고 남몰래 눈물 흘린 적도 있습니다. 게다가 창백한 죽음의 세계를 알리는 흉물스러운 달이 나를 괴롭힙니다. // 젊은 나이에 갇힌 몸, 움직이지도 않고 / 다만 혼자서 쓸쓸히 앉아 있네 / — 달빛 / 오늘 밤 또다시 높은 창문 너머로 / 검은 격자를 잠자는 얼굴에 드리우는구나……. // 감옥의 밤은 무덤입니다. 말 그대로 죽음의 잠자리입니다. 나의의식도 모두 이 묘지에서 쉬고 있습니다."14

'검은 격자'='감옥의 밤=무덤=죽음의 잠자리=묘지'에서 쳐다보는 달이 '진여眞如'여야 했는데, 그게 '창백한 죽음의 세계를 알리는 흉물스러운' 것이 되고 말았다.

월인천강月印千江 … 리일분수理一分殊. 수많은 호수나 시내에 비친, '많으면서' 그러나 결국은 '하나인' 달. 갈래갈래 얽히고설킨 삶 속에서, 조각조각 너덜너덜 흩어지는 수많은 나. 그러나 끝내 닿고 보면 하나인 '나'. '걸어도 걸어도 그 자리, 가도 가도 떠난 자리(行行到處 至至發處)' 같은 '나'. 아르헨티

나의 소설가 보르헤스가 말한 저 "달 혹은 달이란 말은 많으면서 하나인, 우리의 존재"처럼, 달은 바로 '가네코 자신'이었다. 달에서 그녀는 '창백한=죽음의 세계를 알리는=흉물스러운' 자아의 맨바닥을 만난다.

"최후의 한 점에 서서…… 나 자신을 응시"

아마도 자살 직전에 쓴 것으로 보이는 또 다른 편지(수취인 · 연월일 불명)에서, 가네코는 이렇게 말한다: "여기는 지옥의 맨 밑바닥—지하 몇천 척의 갱 안으로 끌려 들어가고 있는 듯한, 뭔가 위압하는 듯한 기분, 이제는 도저히 돌이킬 수 없는 최후의 한 점에 서 있습니다. 바로 오늘에야 그러한 상황에 처해 있는 나 자신을 진실한 눈길로 응시합니다. (…) 바로 지금 최후의 날이 왔습니다. 두 번 다시 이 추한 몸을 법정에 드러내고 싶지 않습니다. 동시에 참으로 슬프고 외롭게도 이제 더 이상 기운차고 밝은 당신들과 만날 기회도 없을 것입니다."15 세상과의 작별 편지였다. 최후에 만나는 것은 '나'였다. 최후의 한 점에 서서, 자신을 응시하고 있는 것이다.

1926년 7월 23일, 우쓰노미야형무소 도치기지소에서 가네코는 자살한다. 절망 끝의 선택이나 부자유에서 스스로 '자유'를 택했다.

> 손발은 비록 부자유스러워도 죽겠다는 의지만 있다면
> 죽음은 자유로운 것16

이란 그의 시구처럼! 그녀는 의지대로 죽음의 자유를 택했다.

비장 · 처참한 옥중결혼, "나를 조선에 묻어 달라"

『재판기록』에 따르면, 가네코는 1925년 여름 또는 가을 이후부터 옥중에서 자서전을 쓰기 시작했다. 아울러 각종 사상 · 이념 서적도 탐독했던 것으로 보인다. 희미한 등불 아래 깨알 같은 글씨로 원고를 적어 가는 사이 그녀는 안구 피로는 물론 결막염까지 앓는다.17

1925년 11년 26일자 『시대일보』에는, '朴烈박열 金子文子금자문자 一意執筆일의집필 全力中전력중: 박렬은 론문을, 금자는 자서전을 兩人양인 不日獄中불일옥중 華燭盛典화촉성전'이라는 제목의 기사가 보인다. 가네코는 자서전을, 박열은 논문에 전력을 다하고 있음을 알리고, 아울러 더지않아(不日間) 옥중결혼식이 치러질 것임을 알리고 있다.

박열과 가네코에게 사형 판결(1926. 3. 25)이 나오기 약 한 달 전(3.1), 후세 타쓰지布施辰治(1880~1953) 변호사를 중개로, 박열과 가네코의 옥중결혼이 서류상 처리된다. 이것은 어떤 의미였을까? 사실 사형이 집행될 경우, 가네코의 유해를 거두어 줄 사람이 없었다. 그 때문에, 그것을 '합법적으로 수습해 줄 사람을 확정'하기 위한 안전장치가 바로 법적 결혼이었다. 한마디로 그것은 '비장하고 처참한 결혼식'이었다.

가네코가 자신의 유해를 수습해 주리라 기대했던 사람은

당시의 현실에서 박열의 형인 박정식朴庭植밖에 없었다. 박정식의 아들 박형래朴炯來는 "가네코는 자신이 죽으면 박씨 집안의 묘에 묻어 달라는 내용의 편지를 보내왔기에 의리가 두텁고 성실했던 아버지는 그 부탁을 지켰다"고 회상한다. 야마다 쇼지는 박형래가 회상한, 가네코가 조선에 묻히고 싶었던 희망을 "죽어서도 일본에 안주할 땅을 구할 가망성이 없다는 것을 안 가네코가 어쩔 수 없이 택한 사후 대책"이라고 해석하고 있다.18

내 뇌리에 박힌 '눈동자'

7월 31일 도치기 화장장에서 다비를 치른 뒤 흑우회 회원들에 의해 유골이 수습된다. 8월 14일, 가네코의 유골을 건네받으러 박열의 형 박정식이 장남 박형래를 데리고 경상북도 상주를 출발했다. 그들은 시모노세키를 거쳐, 16일 도쿄에 도착했다. 17일엔 지바형무소에 있는 박열을 찾아갔다. 그러나 형무소 측은 이들의 면회를 거부했다.19

당시 박정식과 그의 장남이 가네코의 유골 처리 문제로 후세 다쓰지 변호사를 만나는 사진 한 장이 전한다. 나는 몇 번이고 쳐다보게 되었다. 사진에는 박열의 형 박정식과 그의 아들, 그리고 후세 변호사가 보인다.20 깡마른 박정식의 몸도 몸이지만, 그의 놀란 듯한 눈동자가 자꾸 맘에 걸리기 때문이었다. 통역자인 듯한 여성을 쳐다보는, 유독 흰자위가 빛나는 눈동자. 당시 그가 얼마나 많은 불안에 떨며 초조해하고 있었

상단 오른쪽부터 후세 변호사, 박정식, 한 사람 건너 정식의 장남 형래

던 것일까. 짓누르는 일제 경찰의 공포감에다 가네코의 유골을 수습하여 조선 땅에 묻어야 한다는 결연함. 뭐 이런 것을 그의 눈빛에서 내가 읽는 것은 조금 지나친 해석일까.

자주와 자치—모든 사람이 주인이 되는 사회

최근 오슬로대학에서 온 박노자 교수를 만났다. 마침 영화 '박열' 이야기가 나왔을 때, 그는 "나는 일본인을 미워하지 않는다. 일본제국을 미워한다"는 박열의 대사 한 토막을 기억해냈다.

가네코의 『옥중수기』를 보면, 박열을 만나 서로 마음을 터놓고 이야기를 나누는 대목이 나온다.

> 가네코가 "저기……. 난 일본인이에요. 그러나 조선인에 특별한 편견을 가지고 있지는 않아요. 그런데 당신은 나에게 반감을 가지고 있나요?"라고 물었다. 가네

코는 조선인이 일본인을 대할 때 가지는 감정을 대략 알고 있었기 때문에, 무엇보다도 그것을 확인할 필요에서였다. 그러자 박열은 이렇게 대답했다. "아니오. 내가 반감을 가지고 있는 것은 일본의 권력계급이오. 일반 민중은 아니오. 특히나 당신과 같이 편견이 없는 사람에 대해서는 오히려 친근감마저 가지고 있소." 다시 가네코가 박열에게 말한다. "당신은 민족운동가인가요? 사실 난 조선에 오랫동안 살았던 적이 있어요. 그 때문인지 민족운동을 하는 사람들의 기분을 어렴풋하게나마 알 것 같은 기분도 드는데, 그렇다 하더라도 나는 조선인이 아니라서 그들처럼 일본으로부터 억압받은 일이 없으니, 조선인들과 함께 조선을 위한 독립운동을 할 마음은 좀처럼 생기지 않는군요. 그러니까 당신이 만약 독립운동가라면 유감스럽지만 당신과 함께할 수 없어요."21

그렇다. 가네코는 '조선'이라는 국가나 민족 자체에는 관심을 두지 않는다. 무엇이든 힘의 우위에 있는 것, 권력 · 지배계급으로부터 고통받는, 노예처럼 살아가는 '인간'을 위해서 싸우려는 자신의 관점을 분명히 한다. 이런 문맥에서 일본제국에 의해 억압과 고통을 받고 있는 조선의 민중=인간 편에서서 싸움에 동참한다. 물론 충군애국(=천황제 도덕)에 유린되는 일본의 민중(=인간)에 대해서도 마찬가지였다. 가네코는 박열과 지상의 평등한 인간 생활을 유린하고 있는 '권력=악마의 대표자'를 일본제국주의의 상징인 '천황'으로 규정하고, 그와 관련 인물들에게 폭탄을 투척하려는 공작을 펴던 중 검거 · 투옥되고, 마침내 대역죄로 사형을 선고받는다.

『재판기록』을 보면, 가네코는 자주와 자치 즉 모든 사람이 주인이 되는 사회를 꿈꾼다: "나는 자주와 자치 즉 모든 사람이 자기 생활의 주인이 되고 자신의 생활을 올바르게 다스리는 데에서, 어렴풋하긴 하지만 내가 좋아하는 사회의 환영을 그려 보고자 했습니다." 그녀는 '자신의 의지에 따라 움직이는' 자주 · 자치에 기반한 자율사회를 원했다. "자신의 의지에 따라 움직였을 때, 그 행위가 비록 육체의 파멸을 초래한다 하더라도 그것은 생명의 부정이 아니다. 긍정이다"[22]고 단언한다.

개인의 가치, 평등한 권리에 근거한 결속 · 연대

그녀에게는 남자에 예속된 여자도, 그 반대도 허용되지 않는다. 여자도 남자도 아닌 '인간'으로서 살아가는 것, '인간 상호 간의 정당한 관계', '개인의 가치와 평등한 권리 위에 선 결속-동지의식', '성性 / 섹스의 주권'을 원한다. 여자이기 때문에 '제공되는 모든 은혜를 단호하게 거절'하고 있다. 옥중에서 쓴 편지(수취인 · 연월일 불명)에서 가네코는 당당한 주체적 개인의 '인간'을 선언한다.

당신들은 나를 도대체 뭘로 보는 겁니까. 여성으로 보는 겁니까. 인간으로 보는 겁니까? (…) 나는 인간으로서 행동하고 생활해 왔습니다. 그리고 내가 인간이라는 사실 바로 그 기초 위에서 많은 동료들과의 교섭도 성립했던 것입니다. 또 당신들도 나를 인격을 갖춘 한 인간으로 보아주어야 할 것입니다. 그리고 그렇게 볼 수 있을 때에야 비로소 참다운 동지가 될 수 있지 않을까요?

(…) 또한 동일한 전선戰線에 서 있는 자들 사이에 무슨 성적 차별이 필요하겠습니까. 성욕의 대상으로 보지 않는 다음에야 여자니 남자니 하는 특수한 자격이 무슨 쓸데가 있겠습니까. 똑같이 인간이라는 것만으로 충분하지 않습니까. 그리고 그 이상 무엇이 필요하겠습니까.

나는 섹스에 관하여 지극히 두서없는 생각밖에 갖고 있지 않습니다. 성적인 직접 행동에 관해서는 아무런 조건이 없습니다. 하지만 그와 동시에 내가 하나의 인간으로서 일어설 때, 즉 반항자로 일어설 때 성에 관한 모든 것—남자라는 자격으로 살고 있는 동물—은 나에게 떨어진 헌신짝 하나만 한 값도 지니지 못한다는 것을 선언합니다.

지금 내가 찾고 있는 것은 남자가 아닙니다. 여자도 아닙니다. 인간일 뿐입니다.

> 나는 인간으로서 살고 있습니다. 나는 이상의 이유에 기초하여 '연약한 성을 지닌' 여성으로 간주되는 것을 거부함과 동시에 그런 전제 위에서 내게 제공되는 모든 은혜를 단호하게 거절합니다.
> 상대를 주인으로 간주하여 시중드는 노예, 상대를 노예로 간주하여 딱하게 여기는 주인, 이 둘 모두를 나는 배척합니다. 개인의 가치와 평등한 권리 위에 선 결속 그것만을, 오로지 그것만을 긍정합니다. 그것이 바로 인간 상호 간의 정당한 관계이기 때문입니다. 따라서 나와 타인의 모든 교섭을 그 기초 위에서 구할 것임을 나는 다시금 소리 높여 선언합니다.23

남과 여, 인간과 인간의 관계, 나아가서 한국과 일본, 아니 한국과 중국 / 미국 등과의 관계를 고려할 경우에도, 반드시 기억하고 참고할 만한 명문장이다. 내가 가네코의 사상과 사유를 재평가해야겠다고 생각한 것도 바로 이런 대목에서이다. '국가 · 민족'을 넘어 '인간'으로, 그리고 각자가 '주인'으로 살아가는 평등한 삶과 세상을 그녀는 그려 냈다. 미완의 구상이었지만, 우리의 논의는 여기서 다시 시작되었으면 한다.

4. 가네코 후미코, 7년간 '부강' 생활로 조선의 '인간'을 만나다

국가 · 권력에 대한 '회의', '위안 없는 사유'로

세상의 갑질, 그놈의 잔소리와 간섭을 벗어나 다 때려치우고 훌쩍 어디론가 떠나고 싶을 때가 있다. 조미아Zomia처럼, 국가 권력을 피해 산악지대에서 사는 '지배받지 않는 사람들'처럼 살고 싶을 때가 있다. 이렇게 국가와 권력을 '회의'하며, 지배받지 않으며 '위안 없는 사유'를 택하는 이유는 무엇인가. 자율과 자유 때문이다.

가네코 후미코를 조금 더 이해하기 위해, 나는 오래전 읽었던 박홍규의 『까뮈를 위한 변명』(2003)을 생각해 냈다. 누구보다도 철저하게 전체주의나 국가주의를 거부한 까뮈(1913~1960). 그는 프랑스식민지 알제리에서 태어나, 거기서 살았다. 그러나 박홍규의 말대로 그는 "처음부터 알제리라는 식민지 상황은 안중에도 없었다. 그것은 한갓 소설의 배경일 뿐이다." 그에게는 "식민지나 프랑스나 어디나 마찬가지로 지겨운 · 부조리한 현실, 구역질 나는 세상일 뿐"이었다.24 까뮈는 식민주의를 거부했으나 식민지 알제리의 독립은 끝까지 '반대'했다. 그래서 박홍규는 까뮈를 이렇게 평가한다. "그는 누구보다도 식민주의를 거부했다. (…) 그러나 식민지로부터 유럽인을 쫓아내고 아랍인만의 독립된 권력국가를 세우는 것에 반대했다. 말하자면 일제하 일본인들을 쫓아내지 않고 조선 땅에 일본인과 조선인이 함께 사는 새로운 공동체를 구성하자는 것이 까뮈의 생각이었다."[25] 그러나 까뮈가 중요한 이유를, 박홍규는 '아무런 위안 없는 정치'를 우리에게 제공하고, '어떤 보장 없는 정치이론'을 보여 준다는 점이라 하였다. 이런 정치이론을 명확하게 보여 주는 것이 한나 아렌트인데, "어쩌면 까뮈는 그녀의 선구자"였다고 본다. 까뮈나 아렌트는 '과학 · 이성'에 기대를 건 계몽주의 대한 믿음

가네코 후미코가 살았던 부강리 집의 현재 모습

을 비판하고, 아울러 그런 계몽주의에서 비롯한 자유주의나 사회주의에 대해서도 비판했다고 한다.26 국가 / 권력에 대한 '회의', '위안 없는 사유'가 가서 닿는 곳은 '자율적이고 아나키적인 정치활동과 조직'27일 것이다.

이런 사유를 가진 사람들은 '유기적'인 삶이 아니라 '프리랜스'의 삶을 원한다. 가네코도 이런 길을 택했다. 다만 식민지에 대한 관점은, 가네코와 까뮈가 달랐다. 예컨대 가네코의 사유 속에, '조선 땅에 일본인과 조선인이 함께 사는 새로운 공동체' 같은 것은 없었다. 조선은 조선이고, 일본은 일본이었다. 그녀의 목적은, 일본 '제국' 그리고 그 권력(=폭력)의 발원지인 천황제와 대결하고 그것을 제거하는 데 있었다.

자발적 복종과 저항

먹고살기 위해서 우리는 '자발적'으로 얼마나 복종하는가. 습관적으로 돈에, 명예에, 권력에, 권위에, 종교에, 패거리-집단에, 세속적 가치에, 외국산 명품에. 아예 거기다 몸을 갖다 바치기 일쑤다. 아니, 그것의 '노예'가 되어 함께 따라 죽는 경우도 허다하다. 자발적으로 '순장殉葬'하는 것이다. 그것들로부터 자유로워야 함을 알지 못하고, 무지하게 스스로 그곳에다 자기 '무덤'을 파 댄다. 그러다가 아무 저항 없이, 거기로 제 발로 걸어 들어가서 그냥 그렇게 편히 묻힌다. 타고나 자신의 자유로운 본성을 상처투성이로 만들면서 명예와 이익에다 몸뚱이를 순장시키고 마는[傷性以身爲殉] 세속의 흔해

빠진 삶들이란 잘났건 못났건 결국 거기서 거기라며, 일찍이 장자莊子는 꼬집었다.

이런 대목에 서면, 나는 인간에게 가장 소중한 재산목록을 '자유'로 보고 '자발적 복종'의 악습을 예리하게 파헤치며 배격한 라 보에시(1530~1563)를 떠올린다. 이 세상 어딘가에는 굴종을 받아들이지 않고, 자유의 맛을 알고, 그것을 적극 찾아 나서서 저항을 생각하는 사람들이있는것이다. 한편, 익숙한 현실의 명령과 지시 체계 속에서, 매사 "~안 하는 편을 택하겠습니다(I prefer not to~)"라고 말하는, 필경사筆耕士 바틀비의 '무위無爲와 고요의 저항법'도 적극적 거부 못지않은 저항이라 생각한다.

학대와 불운에서 '나 자신'을 찾다

가네코는 학대와 불운에서 '나 자신'을 확립한다. 그렇게 '나 자신'이란 인간을 찾을 수 있게 한 모든 불행한 운명 · 학대에 대해, 그녀는 감사한다. 조선에서 일본으로 돌아간 뒤, 도쿄에서 새로운 생활을 시작하며 그녀는 이렇게 말한다.

> 나의 불행은 태어나면서부터 시작되었다. 요코하마에서, 야마나시에서, 조선에서, 하마마쓰에서, 나는 줄곧 학대당했다. 나는 '자신'이라는 것을 가질 수 없었다. 하지만 지금 나는 모든 과거에 감사한다. 나의 아버지에게도, 어머니에게도, 외할머니 · 외할아버지에

게도, 외삼촌에게도, 이모에게도. 아니, 내가 유복한 가정에서 태어나지 않고, 가는 곳마다 모든 환경 속에서 학대받을 만큼 학대받은 나의 운명에 감사한다. 왜냐하면 만약 내가 나의 아버지나 외할머니 · 외할아버지 집에서 부족함을 모르고 자랐다면, 아마 나는 내가 그토록 혐오하고 경멸하는 사람들의 생각과 성격 · 생활을 그대로 받아들여 결국에는 나 자신을 발견하지 못했을 것이기 때문이다. 하지만 운명적으로 불운한 탓에 나는 나 자신을 발견할 수 있었다.28

일본인 · 일본제국주의에 대한 증오

그가 '자신'을 자각하는 체험 중에 중요한 것이 조선의 부강 생활이다. 가네코 후미코는 외할아버지 가네코 도미타로의 5녀로 입적入籍되어, 아버지의 누이(고모) 가메가 시집간 이와시타가에 맡겨져 충청북도 청주군(이후 청원군 소속이었다가 세종시로 변경됨) 부용면 부강리에 가서 살게 된다. 이곳에서의 체험이 그녀의 삶과 사상 형성에 큰 역할을 한다. 그 핵심은 일본인 · 일본제국주의에 대한 '증오심'의 형성이다.

그녀는 부강 생활을 마치고 일본으로 돌아가, 도쿄 생활을 하면서 부강소학교 재학 당시 가난했기에 도움을 받기도 했던 은사 핫토리 도미에에게 편지를 보낸다. 그 가운데서 이렇게 말한다.

> 저는 일본인이긴 하지만 일본인이 너무 증오스러워 화가 치밀곤 합니다. 그때 그저 눈에 비쳤을 뿐인 사건들이 지금은 크나큰 반항의 뿌리가 되어 제 가슴속에 깊이 새겨져 있습니다. 조선 생활 동안 보고 들은 바, 저는 조선인들의 일본제국주의에 대한 모든 반항운동에 동정심을 갖게 되었습니다. 저는 도쿄로 오자마자 많은 조선인 사회주의자 혹은 민족운동자와 벗이 되었습니다. 저는 정말이지 이런 운동을 속 편하게 남의 일이라고만 치부해 버릴 수가 없습니다. 저는 작년 4월부터 조선인인 허무주의적 아나키스트와 동거하고 있습니다. 언젠가 보내 드린 『현사회現社會』는 우리 두 사람이 중심이 되어 만들고 있습니다.29

그녀는 일본제국주의에 대한 조선인들의 모든 반항운동에 동정심을 갖게 되고, 조선인 사회주의자 혹은 민족운동자들과 벗이 되어가고 있으며, 조선인 아나키스트 박열과의 동거하고 있다는 사실을 알린다.

위의 편지 구절은 가네코가 체험한 7년간의 '부강' 생활이 일본인 · 일본제국주의에 대한 증오는 물론 조선의 '인간', 아울러 운명적 동지 '박열'을 만나는 계기가 되었음을 요령 있게 압축하고 있다.

'부강' 체험 ①: '개'에게로 연결된 '동포' 의식

가네코가 조선의 부강에서 체험한 것은 여러 가지가 있다. 여기서는 우선 주요한 것만 언급해 두기로 한다.

먼저 그녀의 '부강' 체험에서 눈에 띄는 것은, '개'에게서 느낀 '동포' 의식이다. 부강을 떠나 일본의 야마나시에 있는 외가로 다시 갔을 때, 외삼촌이 키우는 개를 데리고 주변을 산책하면서 그녀는 이런 회상을 한다.

> 문득 조선의 고모네가 기르던 개가 떠올랐다. 그 춥고 추운 조선의 겨울밤에, 멍석 하나 없이 밖에서 잠자던 개가 생각났다. 내가 배곯고 집 밖으로 쫓겨났을 때, 마치 나의 고통과 슬픔을 알기라도 하는 듯 꼬리를 흔들거나 고개를 떨어뜨리고 콧소리를 내며 나에게 다가오던 개가 떠올랐다. 그때 내가 개의 목을 꼭 붙들고 껴안으며 혼자 소리죽여 울던 것도. 그리고 밤에 몰래 나가 개에게 멍석을 깔아 주었던 일도 또 어릴 적, 아버지에게 찔려 죽은 가여운 개의 죽음도.
> 조선에 있었을 때 나는 나와 개를 항상 연결 지어 생각했다. 우리 둘 모두 학대당하고 괴롭힘을 당하는 가장 딱한 동포라는 생각까지 했다.30

가네코의 『옥중수기』에는, 부강 시절 할머니에게 쫓겨나서 어린 그녀가 "만주에서 불어오는 바람에 눈과 모래가 섞여 가차 없이 얼굴과 다리를 때리는" 춥고 추운 조선의 겨울밤을 지새우는 장면이 나온다.31 쫓겨난 그녀와 함께 밤을 지새운 따스한 개. 그 개보다 못한 차디찬 '할머니=일본인'이 그녀의 트라우마로 남아 있다.

'부강' 체험 ②: '머슴 고씨' 박대에 대한 '분노감'

이어서 가네코는, "내 경험을 이야기하자니 머슴 고씨가 생각난다. 그에 대해 조금이라도 쓰지 않으면 미안한 마음이 들 것 같다"고 하여 제법 길게 부강에서 사는 동안 체험했던 조선인 '머슴 고씨'에 대한 박대, 그에 대한 그녀의 분노감을 솔직히 또렷이 적어 두었다. 그 내용을 요약하면 이렇다.

> 이와시타가에는 고씨 성을 가진 머슴이 있었다. 머리가 좋지 않았으나 정직하고 일도 잘했다. 이와시타가는 그를 다른 집보다 싼 급료를 주고 고용하고 있었다. 아내와 세 아이를 거느린 그 가족은 늘 가난을 면치 못했다. 그들은 배불리 밥 한 번 못 먹고, 한겨울에도 쌀가마니 속에 들어가 오들오들 떨며 지냈다. 어느 날 고씨는 옷을 빨아야 한다며 하루 동안만 좀 쉬게 해 달라 간청했다. 가네코의 할머니와 고모도 그 뜻을 뻔히 알고 있었다. 그러면서 놀리듯이 계속 말을 되풀이하게 하자, 고씨는 "입을 옷이 없어서, 빨래가 마르는 동안 벌거벗은 채 떨고 있을 수 없으니 이불을

두르고 있어야 합니다"라는 비참한 속내를 털어놓는다. 그런데도 가네코의 할머니와 고모는 낄낄대며 웃기만 하였다. 이 광경을 보고 가네코는 화가 났다—아아. 한쪽은 악의적인 장난, 다른 한쪽은 간절함. 이 대조적인 풍경이란. 어린 나였지만, 아니 어렸기 때문에 나는 정의감에 사로잡혀 할머니와 고모에 대해 지금까지 없던 분노를 느꼈다.32

'부강' 체험 ③: 3 · 1운동 목격, 반역적 기운을 느끼고 감격

마지막으로, 부강의 체험 가운데 사상적으로 중요한 것은, 그 지역민들의 3 · 1운동을 목격하고, 일본인들에 대한 조선인들의 반역적 기운을 느끼고, 감격하는 대목이다. 야마다 쇼지는 말한다. "가네코가 가장 깊은 동정을 드러냈으며, 그녀의 인상에 가장 깊이 남은 것은 1919년 3월의 '3 · 1운동'이었던 듯하다." 이어서 야마다는 당시의 노인의 증언을 인용하며 이렇게 말한다. "부강 최노인의 회상에 따르면 이곳에서도 만세 소리가 울려 퍼졌고, 그것을 제지하려는 헌병이 말을 타고 여러 마을들을 바쁘게 돌아다녔다. 조선인들은 밤이 되면 산으로 올라가 횃불에 불을 붙이고 만세를 외쳤다. 그런 일이 4, 5일 동안 계속되었다고 한다. 부용면에서는 4월 1일에도 산상 봉화시위가 있었다."33

『옥중수기』에는 기록되지 않았지만, 시간이 흐른 뒤 가네코는 3 · 1운동을 목격한 경험을 『재판기록』에서 이렇게 서술했다.

> 조선인들이 지니고 있는 사상 중에서 일본인에 대한 반역적 정서만큼 제거하기 힘든 것은 없을 것입니다. 1919년에 있었던 조선의 독립 소요 광경을 목격한 다음 나 자신에게도 권력에 대한 반역적 기운이 일기 시작했으며, 조선 쪽에서 전개하고있는 독립운동을 생각할 때 남의 일이라고는 생각할 수 없을 정도의 감격이 가슴에 용솟음쳤습니다.34

'가난–반감–반항심–동정심'에서 '사회주의 사상'으로

조선에서 체험한 것은 위의 ①~③ 외에도 고리대금업 등 주변에서 일어나는 많은 것들이 있다. 이런 것들을 목도하면서 가네코는 조선인들이 불쌍하게 '억압당하고, 고통받고, 착취당하는' 것에 한없이 동정심을 갖는다. 그리고 '지금까지 겪어오면서 느낀 감정들이 정당하다는 것을 이론적으로 뒷받침해 줄' '사회주의 / 사상'에 접하면서 '불이 붙는다'.

> 사회주의는 나에게 특별히 새로운 것을 제공하지는 않았다. 지금까지 겪어오면서 느낀 감정들이 정당하다는 것을 이론적으로 뒷받침해줄 뿐이었다. 나는 가난했고 지금도 가난하다. 그 때문에 나는 돈을 가진 자로부터 혹사당하고 괴롭힘을 받았으며 들볶였고 억압당했다. 또한 자유를 빼앗겼으며 착취당하고 지배당했다. 이런 나는 힘을 가진 자들에 대해 항상 마음

속 깊이 반감을 가지고 있었다. 동시에 나와 같은 처지의 사람들을 진심으로 동정했다. 조선의 할머니 집 하인 고씨를 동정했던 것도, 불쌍한 개마저 동지처럼 느꼈던 것도 그 외에 이 수기에는 언급하지 않았지만 할머니 주위에서 일어난 많은 일에서 억압당하고 고통받고 착취당하는 불쌍한 조선인에 대해 한없이 동정했던 것도 이러한 마음이 작용했기 때문이다. 내 마음속에 타오르고 있던 반항심과 동정심은 순식간에 사회주의 사상에 의해 불이 붙어 버렸다.

아아, (중략) 우리와 같은 불쌍한 계급을 위해, 나의 모든 목숨을 희생해서라도 투쟁하고 싶다.

그렇지만 여전히 나는 어떻게 이러한 정신을 살려갈 수 있는지 알지 못했다. 나는 무력했다. 무언가를 하고 싶어도, 그에 대한 준비도 단서도 가지고 있지 않았다. 나는 그저 불평 · 불만 · 반항심만 가득한 일개 반항아에 지나지 않았던 것이다.35

가네코는 '가난 → 반감 → 반항심 → 동정심 → 사회주의 사상'의 경로를 밟으며 이곳까지 왔다. '불평 · 불만 · 반항심만 가득한 일개 반항아'가 사회주의 / 사상에 이론화되어 투쟁심을 기른다. 그런데 그녀는 과연 사회주의에 대해 어떤 '믿음'과 '거리'를 갖고 있었을까. 일본인에 대한 '반항심'과 조선인에 대한 '동정심'이 국가 · 권력에 대한 '회의'를 거쳐,

'위안 없는 사유'의 아나키즘으로 나아가는 길목이 사뭇 궁금해진다.

5. 가네코 인생의 시작과 끝, 부강역은 알고 있다

'부강芙江'이라는 곳

부강이 어딘지 궁금해서 인터넷에 검색해 봤다. 우연히 1900년대 초반쯤 찍었을 부강의 풍경 사진 한 장이 눈에 들어왔다.

'우와, 참 멋지다! 옛날에는 이런 목가적 풍경이었다니!' 흑백의 풍광을 한참 들여다본다. 넘실대는 강물 위에 둥실 떠 있는 배 두 척.

도대체 여기가 어디일까? 아, 지금 이런 곳이 있기나 한 걸까?

부강, 금강 내륙 하항河港의 종점

현재 부강은 세종시 부강면芙江面 소속이다. 이전에는 충청북도 청원군 부용면芙蓉面에 속해 있었다. 부강의 강은 금강 줄기다. 남한에서 한강과 낙동강 다음으로 큰 강인 금강錦江. 전라북도 장수에서 발원하여 옥천 등을 지나 부강에 이른다. 강줄기를 계속 따라가다 보면 서해의 군산만이다.

금강은 예부터 서해와 내륙을 잇는 수로로서 수운水運의 중요한 역할을 담당했다. 호남선이 개통하고 육로교통이 발달하기 전까지 청주·대전 인근에 위치한 부강까지 서해의 소금과 각종 해산물, 그리고 일용잡화를 실은 작은 배가 금강 물줄기를 따라 드나들었다. 부강은 금강의 내륙 하항河港 종점으로, 근대기까지 청주 경제의 관문 역할을 했다. 그래서 이곳은 농촌이면서도 시장이 발달해 있었다. 주변은 토질이 비옥하고 농산물(주로 쌀과 연초)이 풍부하였다고 한다.

일본인들의 생활, '갑'으로서 고리대금업자

부강은 가네코의 『옥중수기』에 따르면, 조선인과 일본인이 섞여사는 곳이다. 조선인들은 꽤 많았고 일본인들은 다음의 40가구 정도였다.

즉 "여관·잡화점·문방구점·이발소·모종가게·게다가게·과자가게·목공소 등을 은영하는 사람들이 각각 한 가구씩, 의사, 우체국 직원, 소학교 교사와 같은 사람들이 각각 한 가구씩, 헌병 다섯 가구, 농부 세 가구, 매춘부 두 가구, 역장 및 역원 네 가구, 철도 직원 서너 가구, 그리고 조선인을 대상으로 고리대금업을 하는 자가 예닐곱 가구, 해산물 중개업자가 두 가구, 담배와 막과자 소매점 두세 가구"였다.36 조선인과 일본인은 전혀 융화되지 않은 채 각각 지자체를 형성하고 있었다. 일본인 마을 내부의 모습과 습속을, 가네코는 이렇게 말한다.

이들은 모두 금전적 이익 때문에 모인 자들이었기 때문에 공동체 의식으로 연결되어 있지는 않았다. 마을을 지배하는 정신과 힘은 모두 경제력이었다. 돈이 있는 자는 자연히 세력을 가질 수 있었고, 마을의 행정—이라고 하면 조금 과장된 것일지 모르지만—에도 위세를 부릴 수 있었다. 즉, 돈이 있어 빈둥빈둥 놀고 지내며, 도시에서는 약간 유행이 지난 옷을 입고 있는, 그런 계급들이 으스대고 있었다.

그 가운데서도 가장 힘이 있는 자는 단순히 돈만이 아니라 얼마간의 논과 밭을 가지고 조선에 생활의 뿌리를 내린 자였다.—그런 사람들 가운데는 고리대금업자가 가장 많았다—그다음은 헌병 · 역장 · 의사 · 교사 등이 힘이 있었다. 이들의 부인들은 '오쿠상(사모님)'이라는 경칭으로 불렸지만, 그 외의 상인들이나 농부 · 인부들의 아내는 '오카미상(여편네)'으로 불렸다.

마을은 그야말로 두 개의 계급으로 나뉘어 있었다고 보아도 무방하다. 이 두 계급은 물과 기름처럼 명확하게 구분되어 있었고, 여간해서는 서로 왕래하는 일이 없었다.

(…) 부강은 작은 마을이었지만, 여하튼 본선(=경부선)의 정차장이 있었기 때문에 때때로 그곳을 통과하는 명사나 고관들의 송영을 위해 소학교 학생들과 헌병들은 물론이고 마을 유지들, 심지어는 여자들도 달

> 려 나와 플랫폼에 정렬하는 것이 거의 의무화되어 있었다. (…) 마을에서는 조금이라도 무슨 일이 있으면 제등행렬이나 가장행렬 (…) 연극이나 희극(교켄)의 흉내를 내기도 했다.
> 이는 실로 새로 개척한 식민지의 풍속이자 습관이었다. 남녀 모두 이러한 유희로 얼마간은 단조로운 일상에서 벗어나 즐길 수 있었던 것이다. 그러나 물론 이것은 제1계급에 속하는 자들의 행사로, 제2계급자들은 멍하니 바라볼 수밖에 없었다.37

일본인들은 기본적으로 식민지 '조선의 인간'(=조선인) 위에 군림하였는데, 다시 일본인들 내부로 들어서면 '돈 있는 자'(=제1계급)와 '돈 없는 자'(=제2계급)의 두 계급으로 나뉜다고 한다. 그리고 '돈 있는 자' 중에서도 '가장 힘이 있는 자'는 '고리대금업자'였다.

가네코는 자신이 살았던 고모네 집(이와시타 가문)이 고리대금업자였다고 한다. 부강에서는 '가장 힘이 있는 자'였다는 말이다.

> 우리 고모집(이와시타 가문)은 대략 이러한 분위기 속에 있었고, 그 가운데서도 가장 유력한 편이었다. 그리 넓지는 않았지만, 얼마간의 산림과 조선인들이 소작하는 논과 밭을 가지고 있었고, 그로부터 얻는 수입으

로는 조선인을 상대로 고리대금업을 벌였다.

집은 선로 북측 구릉에 있었다. 남측에 사는 사람들은 자기 동네가 중심이라며 북측을 서민 동네라고 말했지만, 북측에 사는 사람들은 그 반대로 말했다. 서로 자신이 사는 동네에 자부심을 가지고 있었던 셈이다.

고모집은 구릉의 주택지 가운데서도 가장 높은 곳에 있었다. 직사각형의 낮은 초가집 두 동에는 다다미 네 장 정도의 온돌방이 각각 2개씩 있었다. 집 자체는 초라했지만, 부지는 넓었다. 집 뒤에는 곳간이 두 동, 뜰 앞에 있는 밭 옆에는 쌀 창고가 한 동 있었고, 뜰에는 채소와 과실나무가 자라고 있었다.38

가네코 후미코가 살던 고모집에서 보면 오른쪽에 부강역이 보인다.

현재의 부강역 뒤쪽으로 들어가면, 약간 언덕진 곳에 가네코가 기거하던 집(고모집)이 있다. 대문 안쪽으로 들어서면 오래된 나무는 모두 잘려 나가고 없지만 부지가 꽤 넓었음을 느낄 수 있다. 대문 입구 오른쪽에는 약간 높은 동산이 있고, 전체적으로 '구릉의 주택지 가운데서도 가장 높은 곳'임을 알 수 있다. '높은 곳'이란 그 마을 내의 암묵적 '권력'을 상징한다. 대문쯤에서 보면 얼마 안 떨어진 곳에 부강역이 바라다 보인다. 기차를 타기에도 매우 편리한 곳이었겠다.

삶과 죽음의 통로, 부강역

가네코가 부강에 첫발을 디딘 곳도 '부강역'이었고, 떠난 곳도 부강역이다. 아울러 고모집 할머니에게 학대를 받던 중 그녀가 열차에 뛰어들어 죽기로 한 곳도 바로 그곳이었다. 말하자면 삶의 통로이자 동시에 죽음으로 떠나는 통로이기도 했다.

> 생각해 보면 나는 조선에 온 이후로 줄곧 학대받은 것 같다. 조선에 있는 동안 나는 단 한 번이라도 할머니와 고모네로부터 애정을 받은 적이 없었다. 이에 대해서는 지금까지 내가 쓴 기록을 통해 잘 알 수 있을 것이다. 하지만 내가 지금까지 이야기한 것은 불행한 역사의 일부분에 지나지 않는다. 그것도 가장 대표적인, 가장 잔혹한 이야기를 제외한 일부분이다. 나는 일부

러 그러한 것들을 언급하지 않았다. (…)
어릴 때 나는 누구보다도 말괄량이였다. 남자아이들과 남자다운 놀이를 하는 걸 좋아했다. 자금도 나는 결코 어두운 여자도 아니고 우울하지도, 수줍음을 타지도 않는 여자이다. 그런데도 조선에 있던 7년 동안은 전혀 반대였다.
사랑을 받지 못하고 구박을 받았기 때문에 내 성격이 틀어지게 된 것이다. 일체의 자유를 박탈당하고 억눌렸기 때문에 꼬인 것이다. 학교에서는 그렇지도 않았지만, 집에 있을 때는 말 한마디를 하더라도 조심, 또 조심하게 되었다. 지금은 이렇게 거침없이 말할 수 있지만, 당시에는 결코 그럴 수가 없었다. 나는 먼저 할머니와 고모의 기분을 살폈다. 그리고 그들의 기분이 상하지 않도록 주의하며 말했다. 아니, 말뿐만이 아니라 모든 행동도 그러했다.39

가네코는 말괄량이였고 활달했던 것 같다. 그런 그녀가 사랑 한번 못 받고 구박만 받았으며, 일체의 자유를 박탈당하고 억눌리기만 해서, "성격이 비뚤어졌고, 꼬여 버렸다"고 한다. 지배하는 자의 '기분을 살피고, 눈치를 보는' 인간으로.

그러던 중, 그녀는 할머니의 학대로부터 구원의 통로는 '죽음'임을 직감한다. 그래서 달리는 열차에 뛰어드는 '자살'을 결심한다.

'죽음'이라는 단어가 느닷없이 고개를 내밀었다. '그래, 차라리 죽어 버리자……. 그게 훨씬 나을지 몰라.' 이렇게 생각한 순간, 나는 완전히 구원받은 기분이었다. 아니 완벽하게 구원받았다. 몸과 마음에 힘이 넘쳐흐르기 시작했다. 시들었던 손과 발이 싱싱해졌고, 기운도 차릴 수 있었다. 공복 따위는 영원히 잊을 수 있을 것 같았다.

12시 반 급행은 아직 지나가지 않았을 터. 그래 그렇게 하자 눈을 감고 단숨에 뛰어들면 돼. (…) 서두르지 않으면 시간 안에 도착하지 못해. 보자기를 겨드랑이에 숨기고 뒷문으로 나왔다. 그리고 단숨에 달렸다. 모든 것을 버리고, 죽음이라는 구원의 세계로. 시원하고 개운한 마음으로…….

역 근처 동쪽 건널목에 도착했다. (…) 하지만 시간이 지나도 기차는 오지 않았다. 나는 기차가 이미 지나갔다는 걸 겨우 알아차렸다.40

이렇게 자살이 불발. 그녀는 방향을 바꿔, 백강(=금강)의 물에 빠져 죽기로 하고, 다시 그쪽으로 달리기 시작했다. 강변의 맞은편에 아름다운 부용이 바라보이는, 목가적 풍경의 그곳으로…….

기차여, "너는 몇천 번이나 나를 지나쳐 갔다."

드디어 가네코는 7년간 부강 생활을 마감하고, 조선을 떠나 다시 고향으로 향한다. 그러나 그녀는 '눈물 한 방울' 내보이지 않는다. "그저 빨리 여기에서 벗어나게 해 달라"고 간절히 소망한다. 억압과 고통, 시련을 벗어나려는 일념뿐이었다. 손에는 '이와시타가에서 받은 전액' 용돈 '5엔'을 쥐고…….

> 집을 떠나던 날 고모부는 나에게 정확히 5엔을 용돈으로 주었다. 그것이 이와시타가에서 받은 전액이었다. 고모가 역까지 배웅했다. 하인 고씨도 짐을 지고 따라왔다.
> 기다릴 사이도 없이 기차가 왔다. 나는 할머니랑 기차에 올라탔다. 햇수로 7년이나 살던 곳을 떠나는데도, 나는 눈물 한 방울 흘리지 않았다. 불행하게도 마음속으로 이렇게 빌고 있었다. '아아, 기차여! 17년 전 너는 나를 속이고 이곳으로 데려왔다. 그리고 고통과 시련 속에 나 혼자 두고 갔다. 그동안 너는 몇백 번 몇천 번 나를 지나쳐 갔다. 언제나 곁눈으로 흘끗 보며 말없이 지나쳤다. 하지만 이번에야말로 너는 나를 데리러 왔구나! 너는 나를 잊지 않았구나. 아아, 어디든 데려가 주렴! 얼른, 얼른! 어디든, 그저 빨리 여기에서 벗어나게 해 주렴!'41

"너는 몇백 번 몇천 번 나를 지나쳐 갔다. 언제나 곁눈으로 흘끗보며 말없이 지나쳤다"는 말은 문학적 표현이긴 하지만, 가네코의 삶이 안착하지 못하고 그저 무적자無籍者로 표류하고 있었음을 잘 말해 준다.

'지배자의 사시斜視'와 '인간의 애정' 사이의 눈치 보기

가네코는 할머니의 구박에 자신의 처지가 서러워서, 몰래 집을 나와 굶주린 배를 안고 울며 떠돌 때였다. 조선의 한 아낙네가 "보리밥이라도 괜찮다면 먹지 않겠니?"라는 말을 듣고 감정이 북받쳐엉엉 울기 시작했다. 가네코는 말했다. "조선에 살던 길고 긴 7년 동안 나는 이때만큼 인간의 애정에 감동한 일이 없었다"고. "나는 진심으로 감사했다. 먹고 싶은 마음이 굴뚝같았으나 할머니와 다른 식구들 눈이 무서웠다. 조선인의 집에서 밥을 빌어먹는 거지를 우리 집에 들여놓을 수는 없어, 하며 호통을 칠 게 분명했다. 나는 사양했다. 그리고 주린 배를 쥐고 조선인의 집에서 나왔다. 하지만 집으로 다시 돌아가고 싶지는 않았다."42

'조선인'이라는 '인간의 애정 · 감동'이 있으면서, 상층의 일본인이 조선인에 접촉하면 '더러운 거지'로 비추어지던 그런 '지배자의 사시(사팔뜨기)'가 엄정하게 살아 있었던 부강. 어렸던 가네코는, 이렇게 교차하는 '판단과 시선의 층위'='심급審級'을 눈치 보고 헤아리며, '일본 · 일본인'과 '조선 · 조선인' 사이에서 표류하고 있었다.

6. 가네코 후미코의 '부강',
그 추억과 트라우마를 가로지르다

일본인 소학교 '부강공립심상소학교'

내가 부강에서 제일 먼저 찾아간 곳은 '부강초등학교'다. 이곳이 1912년 12월 11일 가네코 후미코가 4학년으로 전입

1926년 지어진 옛 부강초등학교 강당

한, 일본인 소학교 '부강공립심상소학교芙江公立尋常小學校'가 있던 자리다.

> 조선에 도착한 지 열흘이 채 지나지 않아, 나는 마을의 소학교에 다니기 시작했다.
> 학교는 마을 가운데 있었고 초가집 지붕의 단층집이었다. 교실 한쪽의 장지문을 열면 두세 마지기 밭 너머로 시장에 모인 사람들과 당나귀 · 소 · 돼지 등이 보였다.
> 학교는 촌립村立 소학교였고 아이들은 서른 명이 채 되지 않았다. 선생님은 예순이 넘은 꼿꼿한 노인으로, 의사 사촌을 둔 덕에 가르치고 있을 뿐이었다. 내가 입학했을 때는 공교롭게도 3학년 반이 없어서 4학년 반에서 공부했다. 맥주 상자를 책상 삼은 서당에서 1학년 공부를 보름씩 띄엄띄엄 4번—그러니까 반년도 되지 않을 정도로 했고, 2학년을 5개월, 3학년을 4개월 남짓 공부한 내가 아홉 살이 되어 4학년이 되었다. 무리한 일임에는 틀림없었지만, 나는 오히려 즐거웠다.43

인용문 가운데서, "도착한 지 열흘이 채 지나지 않아"라는 말을 고려하면, 가네코가 부강에 도착한 것은 '12월 초순'으로 보인다. 참고로 부강공립심상소학교의 '심상尋常(진죠じんじ

ょう)'이란 '평범 · 보통'의 뜻이다. '고등高等(고토こうとう, 상급)'과 상대된다. 일본에서 1886년(명치 19) 4월 10일, 소학교령(제1차)이 공포되어 소학교(초등학교)를, '심상소학교'(수업연한 4년. 의무교육)와 '고등소학교'의 2단계로 정했다. 이후 1900년(명치 33) 소학교령(제3차)에서는 '심상소학교 4년+고등소학교 4년'[=8년 과정]으로, 1907년(명치 40)에는 소학교령 일부개정으로 '심상소학교 6년+고등소학교 2년'[=8년 과정]으로 바뀐다. 연령은, '각 학년차 입학시(수료시)'로 하면, '1년차 6세(7세)'에서 시작, '8년차 13세(14세)'로 끝난다. 가네코가 "3학년 반이 없어서 4학년 반에서 공부했다. (…) 아홉 살이 되어 4학년

부강초등학교 개교 100주년 기념 조형물

이 되었다"는 것은 기본적으로 3학년 8세, 4학년 9세 식으로 당시 소학교 학제에 따른 것이다. "1학년 공부를 보름씩 띄엄띄엄 네 번—그러니까 반년도 되지 않을 진도로 했고, 2학년을 5개월, 3학년을 4개월 남짓 공부했다"는 것은 '1, 2, 3학년'을 축약하여 마쳤음을 뜻한다.

이 초등학교는 1908년 6월에 창립하여, 부강일본인회가 총독부의 보조금과 사람들로부터 거둬들인 기부금으로 10월 교사 신축에 착수한다. 이어서 1909년 여름에 준공, 9월부터 새 건물에서 수업을 시작한다. 아동 수는 1908년 17명, 1909년 22명, 1910년 31명이었다.44 가네코가 "서른 명이 채 되지 않았다"고 한 것은 당시 사정을 정확하게 증언한 것이다.

'부강초등'의 옛 모습은?

가네코가 5학년으로 진급했던 1913년 여름, 학교는 공립이 되었고 고등과가 생겼다. 예순이 넘은 노 교사는 사범학교 출신인 젊은 교사 핫토리 도미에服部富枝로 교체된다.

이 무렵 학생 수가 갑자기 100명 넘게 늘어나는 바람에 퇴메[台山]의 산기슭으로 학교를 옮겨야만 했다. 이 땅은 가네코의 고모네 소유였다. 이렇게 학생 수가 급증한 이유는 무엇인가. 부강에 '대규모 선로 이동 공사'가 시작된 데다 근처의 산에서 '텅스텐이 발견'되어, 부강으로 이주해 오는 일본인이 늘어났기 때문이다.45

1926년 지어진 옛 부강초등학교 강당

초창기 학교의 모습은 어땠을까? 『부강면지芙江面誌』(2015)를 보면 1938년의 흑백 사진이 있어 그나마 대략 모습이 짐작된다.46 사진 중앙의 기와집은 현재의 부강초교 안쪽으로 걸어 들어가면 볼 수 있는, 1926년에 지은 부강초등 '강당'(시지정문화재 제5호)이다.

가네코의 『옥중수기』에 따르면, 당시 학교는 '마을 가운데 있었고 초가집 지붕의 단층집'이었다 한다. 이 원래의 학교는, 1938년 사진 속의 새로 지은 집과 모양도 위치도 달랐을 것이다.

부강, '그립고도 아픈 곳'

조선 생활을 마치고 일본으로 돌아간 뒤, 가네코가 은사 핫토리에게 보낸 '편지'(A)(1923년 6~7월경)를 읽어 본다. 그녀는 부강을 추억한다.

> 정말로 그리워 어찌할 즐 모르겠습니다. 때로는 혹시 부강에서 함께 공부한 친구가 있을지도 모른다는 바보 같은 생각에 전차 안을 구석구석 돌아다닌 적도 있습니다. 하지만 불행하게도 한 사람도 만나지 못했습니다. 모두 어디로 갔는지.47

그러면서도 가네코는 곧바로 부강의 트리우마를 쏟아 낸다—'억압…… 구박…… 가난…… 비관…… 자살 시도'. 그렇다. 부강은 추억과 트라우마가 겹쳐 있는, 그립고도 아픈 곳이다.

> 저는 아직도 꼬마입니다. 9전짜리 왜나막신 하나도 제대로 신지 못하고 모든 운동을 금지당한 채 살아온 제가 커서 환자처럼 된 것도 무리는 아닐 겁니다. 저는 변함없이 가난합니다. 하지만 이와시타가 사람들처럼 돈을 지키며 사는 것보다는 훨씬 인간적인 생활입니다. 12전짜리 그림물감을 사 주지 않아 선생님께 빌린 적도 있었습니다. 냄비를 파손했다고 제가 고향에서 가

지고 온 저금을 꺼내 변상한 적도 있었습니다……. 청주로 하루 동안 여행을 갈 때 용돈 10전을 준 것이 조선 생활 7년 동안 딱 한 번……, 아아. 선생님께서 옥천으로 전근을 가시고 난 다음인 한여름 어느 날, 자살을 하려고 철길로 갔지만 아직 신호가 내리지 않아 다시 꿈속에서처럼 쏜살같이 금강 가에 있는 옛 장터의 오동나무 아래로 달려갔습니다. 나무 아래에서 가까이에 있는 돌을 주워 모아 유모지(속치마처럼 허리에 감는 천—옮긴이)를 풀어 그 안에 싸서 몸에 묶었을 때의 저를 사로잡던 기분이란! 작년에 그 짧은 유모지는 다 해져서 더 이상 형체도 찾아볼 수 없게 되었지만 비참했던 그때의 생각만은 뚜렷하게 남아 있습니다.48

"저는 아직도 꼬마 (…) 모든 운동을 금지당한 채 살아온 제가 커서 환자처럼 (…)"이라는 구절은 가네코의 트라우마가 혹처럼 주저앉아 있는 자리를 말한다.

"금강 가, 옛 장터의 오동나무 아래"

가네코의 기억 속에 남아 있는 저 '금강 가에 있는 옛 장터의 오동나무 아래'를 지금 찾을 길은 없다. 다만 나는 금강 줄기에 붙은 부강을 회상해 본다.

『부강면지』에 보니, 1900년대 부강에 황포돛대를 단 작은

부강의 황포돛배(1900년대)

배가 떠 있는 사진을 볼 수 있다.49 정면에 보이는 산이 부용산인 듯. 현재의 모습과 일치한다.

가자 "바닥을 알 길 없는 푸른 강 밑으로"

가네코가 자살을 하려고 철길로 달려갔지만 실패. 다시 그녀는 금강 쪽으로 쏜살같이 달려가 돌을 주워 모아 유모지에 싸서 몸에 묶고, 강물로 걸어 든다.

> '백강! 백강으로! 바닥을 알 길 없는 푸른 강 밑으로…….' 나는 건널목을 건너 달리기 시작했다. 제방과 가로수와 밭을 따라, 뒷길을 통해 몇 리나 되는 길을 지나, 백강 못이 있는 구사장 쪽을 숨도 쉬지 않고 달렸다.

못 주변에는 다행히 아무도 없었다. 나는 한숨을 돌리고는 자갈 위에 쓰러졌다 햇볕에 달구어진 자갈이 뜨거웠지만 아무것도 느낄 수가 없었다. 가슴의 고통이 가라앉자 나는 일어나 자갈을 소매 속에 넣기 시작했다. (…)

준비는 끝났다. 나는 물가의 버드나무를 잡고 옷 속을 들여다보았다. 물은 검푸른 기름처럼 잔잔했다. 잔물결 하나 일지 않았다. 가만히 들여다보자니, 전설 속의 용이 물속으로 뛰어드는 나를 기다리고 있는 듯했다. 어쩐지 불안했다. 다리가 부르르 미미하게 떨렸다. 돌연 머리 위에서 매미가 울기 시작했다. 나는 다시 한번 주위를 둘러보았다. 이 얼마나 아름다운 자연인가 나는 다시 귀를 기울였다. 이 얼마나 평화로운 고요함인가. '아아, 이별이다. 산과도, 나무와도, 돌과도, 꽃과도, 동물과도, 이 매미 울음과도, 모두와 헤어진다…….'

그렇게 마음을 먹은 찰나, 갑자기 슬퍼졌다. 할머니와 고모의 무정함과 냉혹함과는 이별할 수 있다. 하지만, 하지만 세상에는 아직 사랑해야 할 것들이 무수하게 남아 있다. 아름다운 것들이 너무 많다. 내가 사는 세상은 할머니와 고모네 집만이 아니다. 세상은 넓다.

어머니, 아버지, 여동생, 남동생, 고향 친구들, 지금까지의 모든 일들이 머릿속에 펼쳐져 그리워졌다. 나는

멀리 가네코가 좋아했던 부용봉이 보인다.

죽는 것이 싫어졌다. 버드나무에 기대어 조용히 생각에 잠겼다. 내가 만약 여기서 죽어 버린다면 할머니는 나에 대해 뭐라 말할까. 어머니와 세상 사람들에게 내가 무엇 때문에 죽었다고 말할까. 어떠한 거짓말을 늘어놓아도 나는 더 이상 "그게 아니에요"라고 변명조차 하지 못한다.

이런 상상을 하자 나는 '죽어서는 안 된다'는 생각이 들었다. 그렇다, 나처럼 고통받고 있는 사람들과 함께 고통을 주는 사람들에게 복수해야 한다. 그렇다, 죽어서는 안 된다.
나는 다시 강가 자갈밭으로 갔다. 그리고 소맷자락과 몸에 감은 속옷에 들어 있던 자갈을 하나둘 내던졌다.50

자살의 결심에서 기사회생하는 그 '내면적 심리의 과정'을 가네코는 짧은 문장 속에 객관적으로 요령 있게 기술해내고 있다.

살아남음으로, 고통받는 사람들을 위해 복수

"아름다운 자연…… 평화로운 고요함…… 산, 나무, 돌, 꽃, 동물, 매미 울음", 가네코는 이것을 새로 발견하고 보고 듣는다. 이런 것들과 헤어짐이 슬퍼진다. 자연의 무언…… 침묵…… 고요가 그녀를 일으켜 세운다. 죽은 자는 말이 없다. 그러니 죽음은 자신을 변명해주지 못한다. 차라리 살아서 "고통받고 있는 사람들과 함께 고통을 주는 사람들에게 복수해야 한다"는 것을 자각한다.

이 '복수'심. 그녀는 차라리 죽지 않고 살아 남아 자신처럼 학대·억압받는 사람들을 위해 투쟁하기로 한다. 가네코의 '자아'가 '조선의 민중'에까지 '확대'되는 계기를 찾을 수 있다.

흥미롭게도 가네코의 글쓰기에는 인간과 자연이라는 두 시선의 대립이 선명하게 드러난다. '자연-생명-자유 vs 역사-

대립-투쟁' 이 둘이 그녀의 내면에서 서로 갈등하고 깊이 대화하고 있다. 여기서 나는 '부강이라는 공간'이, 가네코라는 개인과 일제강점기라는 역사를 짚어 보는 '지층地層'이자 '지층知層'임을 알게 된다.

7. 가네코 후미코, '자유'를 찾고 / 싸우다 / 죽다

'홀로' 산에서 누리는 '자유'

가네코 후미코의 『옥중수기』를 보면, 그녀는 어릴 때부터 '아무리 힘들어도 쓰러지지 않는 강한 아이'였다. 어려운 가운데서도 또다른 즐거운 세계를 발견하곤 했다. 사람들을 멀리하며 '혼자가 되는 것'이 좋았다. 가을이면 밤나무가 심겨 있는 고모네 소유의 퇴메[臺山]에 올라, 몸이 허약한 고모부를 대신하여 밤을 줍곤 했다. 그 산은 예전에 고모부가 철도국에 근무했을 때 사 둔 것인데, 가을이 되면 밤나무는 상당한 수입원이 되었다고 한다. 이렇게 그녀가 밤알줍기를 좋아한 것은 '산에서는 진정한 자유를 누릴 수 있기 때문'이었다.51

조선인 울음소리 들리는 '서북쪽의 헌병대'

퇴메는 산이 아니고 언덕이라고 말할 정도로 낮은 산이었다. 그정상에 올라 내려다보면 부강이 한눈에 들어온다고 했다. 그런데 흥미로운 대목은, 보는 방향에 따라 풍경을 대비시켜 놓은 점이다. 한쪽은 유쾌하고, 한쪽은 불쾌하다. 먼저 불쾌한 '서북쪽'이다.

옛 헌병대 건물 터의 세종북부경찰서 부강파출소

서북쪽에는 논과 밭을 사이에 두고 정차장과 여관, 그 외의 건물들이 줄을 지어 서 있다. 마을다운 곳이다. 그중에서도 가장 눈에 띄는 것은 헌병대 건물이다. 카키색 제복을 입은 헌병이 조선인을 뜰로 끌고 와 옷을 벗기고는 맨살 엉덩이를 채찍질한다. 하나, 두울 헌병의 새된 목소리가 들린다. 맞는 조선인의 울음소리가 들리는 듯하다.

그런 광경을 보면 기분이 상한다.[52]

가네코는 헌병이 조선인을 구타할 때 터져 나오는 비참한 울음소리를 기억하고 있다.

옛 헌병대 자리, 그곳은 지금 세종북부경찰서 '부강파출소'

가 들어서 있다. 마당에 자라는 나무가 역사를 말해 주고 있다. 경찰들에게 물어봐도 일제강점기 이곳에 헌병대가 있었다는 사실을 모른다.

가네코의 진술은 일시적 상황이 아니다. 1920년대에 이곳에서 사회적 공분을 살 만할 일들이 종종 일어나고 있었음을 알 수 있다. 예컨대 1924년 8월 12일자 『동아일보』에는, 일본 형사가 조선 부녀자를 취조하는 중에 탈의를 강요했고 이 부녀자는 치욕감에 스스로 목숨을 끊은 사건이 소개돼 있다. 부강의 주재 기자는 그 만행을, "경찰은 자성하라"며 비분강개한 어조로 개탄하였다. 당시의 대표적인 종합 월간지 『개벽』 51호(1924. 9.1)에도 잉태한 부인에게 야만적 행위를 저지름으로써 그녀가 결국 금강에 투신자살하게 만든 형사들의 행동에 대해 "이것이 소위 현대 문명인의 체면인가?"라고 묻고 있다.53

가네코가 경험한 불쾌한 서북쪽은, 한편 "만주에서 불어오는 바람에 눈과 모래가 섞여 가차 없이 얼굴과 다리를 때리는" 추운 겨울, 영하의 추위로도 기억되어 있었다.54

거짓이 없는 '남쪽의 목가적 자연'

가네코는 이런 기분이 상하는 광경에서 눈을 돌린다. 뒤돌아 '남쪽'을 보며, 조선인 울음소리 들리는 '서북쪽의 헌병대'와 대비되는 '목가적 자연'을 만난다.

뒤돌아 남쪽을 본다. 우뚝 솟은 부용봉芙蓉峯이 멀리 보인다. 산기슭을 따라 동쪽에서 서쪽으로 유유히 흐르는 백강白江(금강)은 가을 햇살을 받아 은빛으로 반짝여 마치 흰 비단을 깔아 놓은 것 같다. 강 옆 모래밭 위로 짐을 실은 당나귀가 깨 나른한 듯 지나간다. 나무사이로 낮은 초가지붕의 조선인 마을이 드문드문 보인다. 안개에 싸인 고요한 마을이다. 중국 남종화南宗畵를 보는 듯하다.

> 그 풍경을 가만히 바라보고 있노라면 나는 비로소 내가 진정으로 태어나 살아 있음을 느낀다. 느긋하게 풀 위에 누워 하늘을 바라본다. 높고 높은 하늘이다. 나는 그 끝이 궁금했다. 는을 감고 생각에 잠긴다. 시원한 바람이 불어온다. 바람에 풀이 속삭인다. 다시 눈을 뜨면 잠자리가 눈앞에서 날고 있다. 방울벌레 · 청귀뚜라미의 울음소리가 귓가에 맴돈다.55

이런 풍경을 가만히 바라보고 있노라면 그녀는 "비로소 내가 진정으로 태어나 살아 있음을 느낀다"고 말했다. 이어서 그녀는 "산에서 지내는 날만큼은 나 자신으로 돌아갈 수 있었다. 오로지 산에서 지내는 날에만 해방될 수 있었다"고 강조한다.

> 아아, 자연! 자연에는 거짓이 없다. 자연은 솔직하고 자유롭다. 인간과 같이 사람들을 짓누르지 않는다. 마

> 음속 깊이 느낀다. "고마워." 산에게 감사하고 싶다. 동시에 지금의 나의 일상이 떠올라 울고 싶어진다. 그럴 때는 실컷 울어 버린다. 산에서 지내는 날만큼은 나 자신으로 돌아갈 수 있었다. 오로지 산에서 지내는 날에만 해방될 수 있었다.56

그렇다. 『노자』는 말한다. "하늘의 도는 높은 것은 누르고, 낮은 것은 들어 올린다. 하늘의 도는 남음이 있는 것을 덜어내어서 모자라는 것을 도와주지만, 사람의 도는 그렇지 않다. 모자라는 쪽을 덜어서 남음이 있는 쪽을 받든다[天之道 … 高者抑之 下者擧之 天之道損有餘而補不足 人之道則不然 損不足以奉有餘]"고.

가네코가 만난 자연은 '역사를 벗어난 자유로운 곳'이었다. 그러나 역사적 현실(일제강점하의 조선, 억압 속의 고모네집)은 숨 막히는 감옥이었다. 그럴 때, 가네코가 기댔던 자연—부강의 풍경.

문득 내 머릿속에 노란 풍경 하나가 스치고 지나간다. '델프트의 풍경'에 나오는 황금빛 교회 벽면의 풍광이다. 네덜란드의 델프트에 태어나서 평생 거기서만 살았던 베르메르가 그린 명작. 프루스트의 소설 『잃어버린 시간을 찾아서』에서는, 베르고트가 '델프트의 풍경'의 황금빛 교회 벽면으로 다가가 결국 숨을 거둔다. 그렇듯 최후의 광경은 죽음으로서만 만날 수 있는 마지막 어휘 같은 것이리라. 비참함 속에서 거짓이 없는 '남쪽의 목가적 자연'이란 마치 '델프트의 풍경'에 나오는 황금빛 교회 벽면처럼 도드라졌을 것이다. 그녀의 인생에서 '휙, 지나갔던 그곳', 그러나 풍경은 풍경일 뿐. 과연 가네코가 기댈 현실은 어디인가. '홀로' 산에서 누리는 '자유'가 아니라 현실 속의 자유는 어떻게 획득될 것인가.

박기동의 시 '부용산'을 떠올리다

부강을 떠나며, 부용산을 바라본다. '부용=연꽃'이 떠오르기보다는 벌교 출신 박기동의 시 부용산이 떠오른다.

부용산 오리길에
잔디만 푸르러 푸르러
솔밭 사이 사이로
회오리바람 타고
간다는 말 한마디 없이
너는 가고 말았구나
피어나지 못한 채
병든 장미는 시들어지고
부용산 봉우리엔
하늘만 푸르러 푸르러.

목포 항도여중 교사였던 박기동은 여동생 박영애가 폐결핵을 앓다가 24살로 요절하자 그녀를 부용산에 묻고 내려오면서 이 시를 썼단다. 이 애잔하고도 아름다운 시를 접한 같은

학교 작곡가 안성현이, 마침 자신이 가르치던 16살 여제자인 김경희가 요절하자 그 슬픔을 담아 박기동의 시에 곡을 붙인 것이다. 23세로 요절한 가네코에게도 부용산이라는 시와 노래는 결코 어색하지 않을 듯하다.

알 수 없는 힘에 이끌려 종교를 찾다

가네코는 조선 생활을 마감하고 귀국한 뒤, 야마나시에 있는 외가로 갔다. 그 뒤에 다시 아버지가 있는 하마마쓰로 갔으나 충돌하여 도쿄로 나와 시타야구 미와마치에 사는 작은 외할아버지 집에서 살았다. 그러던 중 자활을 위해 신문팔이를 시작했다. 하지만 빚만지고 쫓겨난다. 아무 대책도 없이, 갈 곳 없이 헤매던 그녀는 절박했다. 마침 이토라는 사람을 통해 알게 된 구세군 소대장 아키바라를 찾아간다. 실오라기를 잡는 듯한 참담한 상황에서 교회의 임시집회에 참석한다. 이토는 테이블 다리 밑에 꿇어앉아 그녀가 구원받을 수 있도록 기도해 주고, 드디어 그녀는 기독교 신자가 되었다.

> 나는 왠지 가만히 있을 수가 없었다. 여기에 내가 의지할 무언가가 있고, 그것이 나에게 손을 내밀고 있는 듯한 기분이 들었다. 나는 알 수 없는 힘에 이끌리고 있었다. 문득 정신을 차려보니 나는 이미 소대장의 발밑까지 가 있었다. 그리고 소대장 발밑에 엎드려 그저 울기만 하였다. (…)

> 무언가에 홀린 듯, 나는 감격해하고 있었다. 일체의 고민을 잊어버리고, 모두와 함께 신을 찬미하고 있었다. 나는 어느새 신자가 되어 버린 것이다.57

가네코의 『옥중수기』를 읽고 있으면 뭐랄까, 릴케의 『말테의 수기』 첫 구절이 생각난다: "사람들은 살기 위해서 여기로 몰려드는데, 나는 오히려 사람들이 여기서 죽을 것 같다는 생각이 든다." 그녀의 도쿄는, '살기 위한 곳'이 아니라 '거기서 죽을 것 같은' 조바심만 든다.

신과 종교, "나에게 아무것도 해 주지 못했다"

가네코는 이토의 도움으로 혼고구 유시마의 신하나쵸에 방을 하나 얻어 살면서 밤에 가루비누를 팔았다. 그러나 힘만 들었지 돈은 벌지도 못했다. 이토는 그녀에게 "일요일 아침 예배에는 반드시 참석하라, 힘들고 어려울 때는 기도를 하라"고 했다. 이토는 기도가 '힘'이 될 거라 했지만 그녀에게 아무런 도움이 되지 않았고, 이토의 말이 잘 이해되지도 않았다. 하지만 이토가 시키는 대로 교회에도 나갔고, 기도도 했다. 그러나 그녀는 기적을 믿을 수 없었다. 여전히 가난하기만 했다.

> 나는 기적을 믿을 수 없었다. (…) 이토만을 믿고 교회에 나가기도 하고 기도도 하였으며, 봉사하기 위해 아

침 일찍 일어나 남몰래 화장실 청소까지 했다. 모두 이토가 그렇게 하라고 했기 때문에…….
이처럼 나는 신을 믿고 사람들을 위해 봉사했다. 하지만 아무런 보답을 받을 수 없었다. 나는 사흘이나 굶었다. 그리고 또 새로운 일을 찾아 돌아다녔지만 작은 일 하나 구할 수가 없었다. 그뿐만이 아니다. 방세가 밀렸다며 집주인이 찾아왔지만, 당연히 방세를 낼 돈은 없었다.58

'신神'—때로는 대단히 산만해지는 나의 마음을 질책하고 그것을 통솔하기 위해, 사상에 핵심을 부여하기 위해 '신'을 생각한 적도 없지 않았습니다. 만약 신이라는 관념에 의해 영원히 불변하는 이른바 안심을 얻을 수만 있다면, 이 경우 나는 그것으로 충분합니다. 하지만 선천적으로 내가 외골수인 데다 억지를 부렸기 때문인지도 모르지만, 신은 나를 조소하고 말았습니다. 왜일까요, 신의 사도가 제대로 잠도 자지 못하고 쓰다 남겨둔 저서를 내가 조롱하고 싶어지는 것은.
오랫동안 고뇌하다가 나는 결국 나 자신을 비웃으면서, 신이나 안심 따위에 매달리고 있는 자신으로부터 깨끗이 빠져나와 버렸습니다. 신이나 '죽음의 공포'를 잊어버렸던 것입니다.59

옛 헌병대 터에서 자라는 느티나무

가네코는 '신'에 의존하지 않게 되고, 신과 종교를 요청한 '죽음의 공포'마저도 잊어버렸다. 자신에게 아무것도 해 주지 못한 신과 종교를 떠나 결국 그녀는 최후의 의지처인 '나'에게로 돌아갔다.

'주의자'를 찾고, 환멸을 느끼다

가네코의 『옥중수기』에는 공산주의자 · 사회주의자 등과 만나고 헤어지는 장면들이 나온다. 그녀는 '?주의 / 주의자'를 찾고, 환멸을 느낀다.

> "설탕가게에서 나와서 이른바 '주의자'들의 집을 한두 곳 전전하다가 (…)"60 "사회주의는 나에게 특별한 새로운 것을 제공하지는 않았다."61 "지금까지 '주의자'들은 뭔가 일종의 특별한 · 위대한 인간이라고 생각하고 있었는데, 그게 얼마나 바보 같은 공상이었는지 명확해진 것이다. 아름다운 천상의 꿈에서 더러운 하수구 속으로 떨어진 듯이 환멸스러웠다."62

'나만의 사상', 아나키즘으로

가네코가 박열을 처음 만났을 때, 박열에게 그녀는 "한 가지 물어볼게요. 당신은 민족운동가인가요? (중략) 당신이 만약 독립운동가라면 유감스럽지만 당신과 함께할 수 없어요"라고 잘라 말했다. 그러자 박열이 "조선의 민족운동자들을 동정할 만한 이유는 충분히 있소. 나도 과거에는 민족운동에 참여하려고도 했지만, 지금은 그렇지도 않소"라고 말했다.

이에 가네코는 다시 물었다. "그렇다면 당신은 민족운동을 반대하는 입장인가요?" 박열이 이렇게 대답했다. "아니, 결코. 그러나 나는 나만의 사상이 있소. 나만의 일이 있소. 나는 민족운동의 전선에 설 수는 없소."63 이런저런 대화를 나누면서 가네코는 박열에게 이끌려 들어가고, 그와 함께 일을 하려고 결심한다. '나만의 사상'이란 아나키즘이다.

그녀는『옥중수기』에서 박열에 대해 소개를 한 뒤, 박열이 독립운동의 '허구성'을 감지하게 되었다고 기록한다: "그의 사상은 점점왼쪽으로 기울게 되었다. 독립운동에 관여한 것도 그 무렵이었다. 하지만 그는 곧바로 운동의 허구성을 감지했다. 지배자가 바뀐들 민중에게는 전혀 영향이 미치지 않음을 간파했던 것이다."64 '허구성'이란 '지배자가 바뀌어도 민중에게는 전혀 영향이 미치지 않는다'는 점이었다.

> 가네코는 박열이 "직접적인 민족운동가는 아니지만 언제나 자아에서 출발하여 그 운동을 위해 생명을 걸 수 있는 힘을 가진 남자라는 것을 알았다"고 진술하였다(재판기록). 그러나 이는 가네코가 박열을 자신에게 맞추어 해석한 것이다. 가네코가 자기를 철저하게 투시함으로써 비전향 즉 반천황제를 관철시키고자 했던데 비해, 자기 사상의 기저에 민족을 두고 있었던 박

> 열은 그녀만큼 자아를 깊이 있게 탐색하지는 않는다. 제국주의 나라의 국민은 내셔널리즘으로부터 탈피하지 않으면 안 되지만, 그리고 당연하게도 억압받는 식민지 민족의 구성원에게는 개인의 해방보다 민족해방이 우선하는 과제라고 말할 수 있다. 하지만 민족과 개체로서의 자아의 관계를 심도 있게 묻지 않은 것은, 박열이 얼마 안 있어 옥중에서 조선 민족으로부터 이반 하여 천황제에 굴복하고 전향한 내적 원인이 아니었을까.65

가네코는 재판기록에서, "나는 권력 앞에 무릎을 꿇고 살아가기보다는 오히려 기꺼이 죽어 끝까지 나 자신의 내면적 요구를 따를 것입니다"66라는 태도로 전향하지 않는다. 그녀는 '나 자신의 내면적 요구'에 충실했다.

가네코의 아나키즘은 사회변혁적? 개인주의적?

야마다가 지적한 대로, '민족'과 '개체로서의 자아'의 관계에서 박열은 두 가지가 '일치'되어 있었고, 가네코는 분리되어 있었다. 아울러 박열은 '민족'의 해방 쪽에, 가네코는 '개체로서의 자아'의 해방 쪽에, 중심이 놓여 있었다. '나 자신의 내면적 요구'에 충실했던 가네코의 입장은 '나' 중심이라면, 박열의 경우는 당연히 '민족'이 중심이었다.

그러나 박열과 가네코가 천황과 황태자를 폭탄 투척의 대상으로 삼는 사회의 변혁과 폭력을 동반한다는 점에서는, 둘 다 바쿠닌이나 크로포트킨 류의 사회변혁적 아나키즘에 속한다고 하겠다. 다만 가네코의 경우, 막스 슈티르너의 개인주의적 아나키즘과 어느 정도 통할 점이 있다고 본다.

더 오래 기억해 주고 싶은 가네코 후미코

다소 긴 시간 가네코 후미코를 붙들고 있었다. 그녀를 조금 더 오래 '기억'해 주고 싶었기 때문이다. 내 기억의 방법은 그녀의 생각과 그 현재적 의미를 되짚어 보는 일이었다. 일본과 한국의 관계를 생각할 때, 더구나 국가를 넘어선 양국의 민간의 교류를 생각할 때, '민족적 에고'를 극복하는 '한 방법으로서' 가네코를 회상했으면 하는 바람을 가져 본 것이다.

오구마 히데오小熊秀雄의 「장장추야長長秋夜」 생각

이쯤에서 나는 시인 오구다 히데오小熊秀雄(1901~1940)의 시 「장장추야長長秋夜」를 떠올렸으면 한다.

> 조선이여, 울지 마라!
> 울지 마라, 할멈이여!
> 꽃다운 처녀들아, 울지 마라!
> 다듬잇돌이 비웃겠다!
> 똑딱, 똑딱, 똑딱…….67

그는 침략국의 양심적 지식인으로, 식민지 조선의 고통받는 민중의 현실과 아픔을 외면하지 않고 긴 시로 작품화하였다. 시를 통해 그는, 일제의 민족말살정책을 폭로하고, 조선 민족의 저력으로 이 상황을 극복해 나가기를 염원하였다. 어느 곳, 어느 시대이든, 양심이 있는 사람들이 있기 마련이다. 그 사람들이 세상의 등불이 되어 어둠을 밝힌다. 일본의 양심들 가운데서 가네코 후미코는 조금 특별한 경우다.

"피었다가 시드는 꽃보다, 상록수를"

이제 글을 마친다. 마지막으로 '수취인 불명, 연월일 불명'의 「옥중편지」에 나오는, 가네코 후미코의 유언 같은 글을 실어 둔다.

> 만약 당신이 나를 추억 속에서 그리다가 혹시 적막한 나의 마음을 채워 주고 싶은 생각이 들거든, 새싹을 피워 올리고 있는 상록수 한 가지를 내 묘석墓石 앞에 산뜻하게 놓아 주세요. 나는 피었다가 곧 시들어 버리는 풀과 꽃을 그다지 좋아하지 않습니다. (…) 화려하지도 않고 사람의 눈에 띄지도 않지만, 언제나 푸르게 하늘을 향해 활짝 피어나는 상록수의 새싹을 나는 끝없이 사랑합니다.
>
> 그럼 새롭게 뻗어 오를 상록수의 새싹, 하늘을 향하여 당당하고 기운차게 피어오를 새싹이 그 어느 날엔가

다시 돌아올 것을 믿고, 나는 이렇게 당신에게 최후의 편지를 드립니다. 방랑자vagabond—당신의 행복을 기원합니다…….

그럼 정말 안녕히.68

누군가 가네코의 무덤에 가거들랑, 그녀의 유언대로, '상록수 한 가지'를 '묘석 앞에 산뜻하게' 놓아 주었으면 한다.

한하운韓何雲(1919~1975)

"아흐, 꽃같이 서러워라" 가도 가도 붉은 황토길

"신을 벗으면 / 버드나무 밑에서 지까다비를 벗으면 / 발가락이 또 한 개 없다 // 앞으로 남는 두 개의 발가락이 잘릴 때까지 / 가도 가도 천리 먼 전라도 길." 고난 유랑은 여기서 멈췄다. 그의 소록도도 여기 함께 잠들었다. 죽은 자는 말이 없다. 그러나 살아 있는 자들은 그에게 빚진 것을 기억하고, 말해 주어야 할 책임이 있다. 김포시 제공

1. 소록도 만령당萬靈堂을 찾다

소록도에 가며, 한하운 생각

전남 고흥반도의 서남쪽 끝, 녹동항 앞바다에 있는 '어린 사슴 모양'을 닮았다는 섬 '소록도小鹿島'. 언제부터인가 꼭 가보리라 했으나, 여의치 못했다. 몇 년을 벼르고 벼르다가 드디어 올해, 추석을 며칠 앞둔 9월 하순 소록도로 향했다.

소록도 전경. 고흥군 제공

저녁 무렵, 아으, 비가 장대같이 퍼붓는다. "모두가 / 꽃같이 아름답고 / (…) 꽃같이 서러워라"고 했던 한센병(나병) 환자 시인 한하운韓何雲(1919~1975). 본명은 태영泰永. 함경남도 함주 출신의 시처럼, 비는 꽃같이 아름답고 서럽기도 한 듯 그치지 않는다.

우선 여수 연안부두 근처에 묵고, 아침 일찍 고흥으로 갈 련다. 출렁이는 여수의 밤바다 곁을, 신발을 벗어들고 맨발로 거닌다. 여수麗水는 한하운의 '허전한 여수旅愁'인가.

이 세상 다할 때까지
죽자고 살아 보자던 사람
(…)

경慶
그 사람은 가고
허전한 여수는
그런대고 사랑했던 까닭인가. (「여수旅愁」 일부)1

잠시 한하운이 떠나보낸 사랑을 생각한다. 그런데 참 이상하다. 우산 밑에 떨어지는 빗방울이 손가락 한 마디마디의 실루엣으로, 자꾸 눈앞에 어른대는 까닭은 무엇일까. 지난날 한하운의 시를 너무 깊이 읽었던 탓일까.

간밤에 얼어서
손가락이 한 마디
머리를 긁다가 땅 위에 떨어진다.

이 뼈 한 마디 살 한 점
옷깃을 찢어서 아깝게 싼다
하얀 붕대로 덧싸서 주머니에 넣어 둔다.

날이 따스해지면
남산 어느 양지 터를 가려서
깊이깊이 땅 파고 묻어야겠다. (「손가락 한 마디」 전문)2

가만히 읽고 있으면, 조금 섬뜩해진다. 몸에 전율 같은 것이 느껴지다가, 뼈 한 마디 살 한 점을 옷깃으로 고이 싸서 주머니에 넣어두는 대목에 이르면 처절함보다는 냉담함에 잠시 머뭇댄다.

"썩은 육체 언저리에 / 네 힒과 균菌과 비悲와 애哀와 애愛를 엮어/ 뗏목처럼 창공으로 흘러보고파……. // 아 구름 되고파"(「하운何雲」 일부)3했던 한하운. 그래서 본명 태영泰永을 버리고, '누구의 기억에도 있을 수 없는' 하운何雲을 택했다(25세, 1944). 그러기에 앞서 그는 '여름 하, 구름 운' 자를 써서 하운夏雲으로 하려 했다. 그러나 '인간의 애증을 넘어서 생각할 때' 하운夏雲이 될 수 없었다. 그래서 '여름 하늘 뭉게뭉게 피어오르는 적란운의 아름다운 로맨틱의 몽환을 버리고' 만 것이다. 그는 스스로를, "인간 폐업 / 천형원한天刑怨恨"(「청지유정青芝有情」 일부)이라 하여 하늘이 내린 형벌을 원한으로 생각하나, 장자莊子나 니체가 '운명을 사랑하라'고 했듯, 병의 처절함을 '운명'으로서 수긍한다. 즉 "나환자는 사람으로서 갖고 있는 천부天賦의 인권과 의식주까지라도 박탈당하고 있다. 그러나 나는 어느 누구를 원망하지 않는다. 그저 내 운명을 탓하고 따라갈 뿐이다."(「전라도 길—소록도 가는 길에」)5

"아흐, 꽃같이 서러워라" 가도 가도 붉은 황토길

헨리 지거리스트가 『문명과 질병』에서 언급하듯, "역사상 한센병만큼 환자의 삶을 비참하게 만든 질병은 없었다. 한센병은 매우 천천히 진행되는 만성병으로 환자는 수십 년 동안 그 병과 더불어 고통스런 삶을 살다가 마침내 죽음에 이르게 된다." 치료약이 발견되기 전에는 우리나라에서는 '문둥이'라고 격리를 하는 방법밖에 없었다. 일제 식민지 시절 한센병(나병) 환자는 '전염병 예방법' 때문에 격리 · 수용되어야 했다. 심지어는 수술로 그들의 생식기능을 제거하는 단종斷種(sterilization)까지 실시한다.

당시 남성 한센병자들이 강제로 정관절제 수술을 당하는 충격과 절망은 대단했으리라. 현재 소록도 감금실 벽에 걸려 있는 이동李東이라는 청년의 시 「단종대」가 잘 말해 준다.

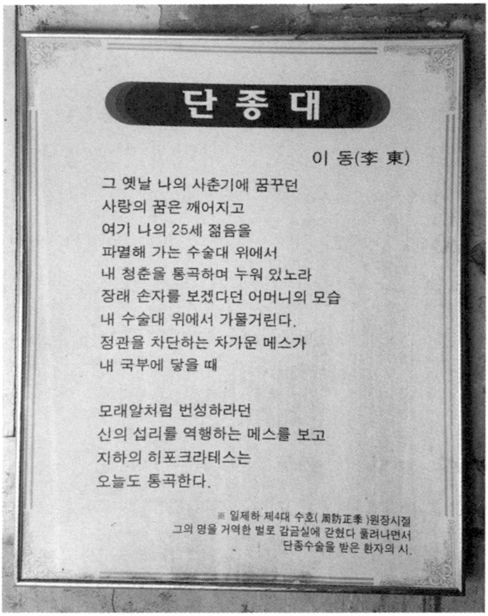

소록도의 단종대를 기록한 시

그 옛날 나의 사춘기에 꿈꾸던
사랑의 꿈은 깨어지고
여기 나의 25세 젊음을
파멸해 가는 수술대 위에서
내 청춘을 통곡하며 누워 있노라
장래 손자를 보겠다던 어머니의 모습
내 수술대 위에서 가물거린다

정관을 차단하는 차가운 메스가
내 국부에 닿았을 때
모래알처럼 번성하라던
신의 섭리를 역행하는 메스를 보고
지하의 히포크라테스는
오늘도 통곡한다.

제14회 세계 나자癩者의 날에(한하운)

헌신짝도 짝이 있는가

나혼癩婚은
T.O 허가제
조건은 사전 단종수술,

(…)

병신인데 자식은 해서 뭐하나 하겠지만
병신이니까 자식이 있어야 하거늘

절절한 소원이지만
붕알이 짤려 버려
어떻게 어떻게 할 것인가

(…)

편견의 사디즘이여
좀 말해 보라
사람이 사람의 봉알을 깔 수 있는가
우라책愚癩策이여 좀 말해 보라6

1940년대 이후 한센병 치료약제가 개발되면서 병의 공포는 사라지나, 여기까지 오는 사이 한센병 환자들은 세상의 갖은 차별과 박대를 받으며 살았다. 함경남도 함주 출신인 한하운은 이리농림학교裡里農林學校 재학 시절(17세, 1936년) 한센병 판정을 받는다. 이후 중국과 일본에서 공부하고, 함흥으로 와서 학생 데모 사건으로 형무소에 투옥된 뒤, 탈옥 그리고 월남한다. 그러나 남한 생활에서 환멸과 비애를 겪고서 결국 숨 막히는 더위 속 메마른 전라도길 황톳길을 쩔룸쩔룸 수백 리나 걸어 생존을 위해 소록도에 수용된다. 소록도는 그에게 지옥이자 마지막 의지처이며 도피처였다.

> 1947년 8월 나는 원산元山형무소를 파옥破獄하고 원산에서 38선 동두천까지 걸었다. (중략) 서울에 올라온 나로서는 그렇게도 꿈같이 그리워하던 남조선의 민주주의의 미군정美軍政은 환멸의 비애를 주었다. 아주 개판인 지리멸렬의 혼란의 세상이었다. 거지로 전락한

나에게는 지옥이었다.7

이 모든 지옥을 벗어나려면 나에게 주어진 마지막 길 오직 하나 밖에 없는 길 소록도로 가는 길밖에는 없었다. 이 소록도도 역시 나환자의 낙원이 못 되고 지옥의 하나임을 잘 알고 있는 나로서 이 인간 동물원에 갇혀 신음하는 이곳을 찾아가야만 하는 마지막 길을 찾아가는 암담한 심정은 사형수가 사형장을 가는 그 심정과 같을 것이다. 천 리 길을 걸어갈 수 없는 일이라 기차를 탄다. 찻간의 사람들의 눈초리와 주둥이는 나를 향하여 쏟아진다. 차장은 으레껏 발길로 차며 끄집어 내린다.8

천 리 길을 걸어갈 수 없어 기차를 타면 사람들은 질시·박대하고 심지어 차장은 발길질로 끄집어 내리는 수모를 당하는 장면은 처참하다. 한하운의 「전라도 길—소록도로 가는 길에」를 읽으면 아픔이 저리다 못해 뼛속을 후벼 파는 듯하다.

가도 가도 붉은 황토길
숨 막히는 더위뿐이더라

(…)

신을 벗으면
버드나무 밑에서 지까다비를 벗으면
발가락이 또 한 개 없다

앞으로 남는 두 개의 발가락이 잘릴 때까지
가도 가도 천리 먼 전라도 길.9

한하운의 시는 한 마디로 '인골적人骨笛'의 소리 즉 '뼈다귀를 골라 피리감으로 다듬어서, 구멍 뚫어서 피리로 부는' 소리이다.

아득히 아득히 몇 억겁을 두고 두고
울고 온 소리냐 인골적 소리냐

엉엉 못 살고 죽은 생령生靈이 운다
아 천한절통千恨切痛의 울음이 운다.

(…)

생사람 산 채로 죽여 제물로
도색桃色이 풍기는 뼈다귀를 골라 피리감으로
다듬어 다듬어서 구멍 뚫어서 피리로 분다.10

재능기부 작품 '소록의 꿈' 속 작은 사슴이 소록병원 옆 담벼락에 그려져 있다.

다듬어 다듬어서 구멍 뚫어서 피리로 부는 소리는 다름 아닌 소록도의 아픔을 대신 노래하는 것이다.

아픔을 다듬고 다듬어서 시로 토로하듯, 스스로 자신을 그린 자화상은 참 심플해서 캐리커처라 할 수도 없다. 그냥 눈과 얼굴 윤곽을 대충 장난하듯 그린 것뿐이다.

한마디로 "아 꽃과 같던 삶과 / 꽃일 수 없는 삶과의 / 갈등葛藤사잇길에 쩔룩거리며 섰다."(「삶」 일부)11는 그의 고백처럼, 희망과 절망 사이에서 갈등하며 어정쩡하게 우두커니 '쩔룩대며' 서 있는 모습을 스케치한 것이다.

2. 산 자는 죽은 자의 힘에 의해 지탱되고 죽은 자는 산 자에 의해 기억되고 있다

내 '기억' 속의 소록도는

나는 잠시 내 '기억' 속의 소록도를 솔직하게 정리해 보고 싶다. 자주 가 보거나 깊이 연구하지 않고 채 그냥 듣고 배워 오면서 무의식 속에 기억된 것들은 이런 것이다: 1) 일제강점기의 한센병자들의 집단 격리수용, 탄압, 강제 노역, 죽음, 아픔, 슬픔, 연약함, 상처. 2) 한센인들에게 '할매 수녀'로 불리던 오스트리아인 마리안느, 마가렛 수녀의 40년간 희생 봉사 정신. 3) 연약한 상처 입은 어린 사슴 같은 섬.

자, 그렇다면, 나는 이런 기억들을 어떻게 많은 특수한 기억을 가진 타자들, 아니 그런 기억조차 없는 사람들에게 제대로 전달해 줄 수 있을까? 그리고 소록도라는 아름다운 자연을, 언제까지 저런 역사의 기억 속에다 말뚝처럼 묶어 두고자 하는가? 이제 나의 공부는 여기부터이다.

과거의 기억, 다행? 혹은 불행?

'기억'과 '기록'은 역사를 만들어 가기 위해 매우 중요하다.

하지만 무한한 내용 중에 어떤 것을, 왜, 어떻게 기억하고 기록할 것인가? 참 어려운 문제이다. 역사의 기록을 두고, 누가, 무엇을, 왜, 어떻게 할 것인가가 늘 논쟁거리이다. 기억 가운데서 특히 '공동의 기억' 관리에 이르면 마찬가지로 복잡해진다. 가족 · 동네 · 사회 · 국가가 공동으로 가지는 역사의 기억은 '우리'라는 집단의 정체성을 부여한다. 그래서 역사적 기억을 어느 방향으로 이끌어 갈 것인가에는 예민해야 한다. '우리'라는 공동체는, 기억을 근거로 과거를 해석하고 현재를 이해하며 어떤 미래로 나아갈지를 결정하기 때문이다. 아울러 기억이란 사람이 사람답다는 것, 즉 '사람다움'의 핵심이다. 기억상실증에 걸리거나 의식을 잃은 식물인간이라면 기억할 수 조차 없어 인간생활이 어렵다. 계속 망각하기 때문에 비역사적인 동물들처럼. 그러나 지겨우리만큼 과거에 집착하고 있는 인간들도 가끔 동물처럼 망각하며 과거를 싹 지워버릴 때가 있으면 좋지 않을까. 생각해 보면 비역사적인 것과 역사적인 것은 개인이든 집단이든 그 건강을 위하여 모두 필요할 때가 있을 것 같다. 니체가 반시대적 고찰에서 한 말이 떠오른다.

> 그대 옆에서 풀을 뜯어 먹으며 지나가는 가축의 무리를 보라. 그들은 어제가 무엇이고 오늘이 무엇인지 모르는 채, 이리저리 뛰어다니고, 마구 먹어 대고, 한가롭게 쉬면서 소화시키고, 그리고 또다시 뛰어다닌다.

이처럼 그들은 아침부터 저녁까지 날마다, 그들의 유쾌와 불쾌, 즉 순간이라는 말뚝에 묶여서 산다. 그래서 그들은 우울도 권태도 느끼지 않는다. 이에 비하면 인간이란 도무지 이해할 수 없다. 왜냐하면 그는 동물들 앞에서 자신이 인간임을 자랑하면서도, 동물의 행복에 부러운 듯한 시선을 던지기 때문이다. 사실 그는 동물처럼 권태도 없고 고통도 없이 살고 싶은 것이다. 그렇지만 그것은 쓸데없는 생각이다. 그는 동물처럼 살려고 하지는 않기 때문이다. 인간이 동물에게 한번 이렇게 묻는다고 하자. 즉 "왜 그대는 그대의 행복에 대해서 나에게 이야기해 주지 않고, 그저 내 얼굴만 쳐다보고 있는가?" 하고, 그러면 동물 역시 다음과 같이 대답하려 할 것이다. 즉 "그것은 말하려고 하는 것을 언제나 금방 잊어버리기 때문"이라고. 그러면서 바로, 이 동물은 이 대답마저도 잊고서 입을 다물어 버릴 것이다. 인간으로서는 참으로 납득하기 어려운 일이다.

그러나 인간은 또한, 망각하는 것을 배우지 못하고 늘 지나간 과거에 매달려 있는 자기 자신에 대해서도 이상하게 생각한다. 그가 아무리 멀리, 아무리 빨리 달려가더라도, 그 쇠사슬은 언제나 함께 따라다닌다. (…) 그때 인간은 (…) 금방 잊어버리고 모든 순간마다 정말 죽어 버리고 안개와 어둠 속에 잠겨서 영원히 사

> 라져 가는 동물을 부러워한다. 이처럼 동물은 비역사적으로 살아간다. (…) 비역사적인 것과 역사적인 것은 개인이나 민족이나 문화의 건강에 대하여 똑같이 필요하다.12

식물들은 말할 것도 없고, 동물들은 지속해서 제대로 기억하지 못한다. 그래서 과거도 죽음도 원한도 번민도 없다. 역사와 제도, 문명을 창출할 수도 없다. 물론 멀쩡한 우리 인간들은 거꾸로 과거에 너무 집착한다. 그 잘못된 기억을 집단화하여 자기중심의 피해 의식을 특수화하여, 폭력적 행동으로 분출해가기도 한다. 그래서 개인 혹은 집단의 특수한 기억이 타자 다수와 글로벌의 기억으로 공감되고, 소통하고, 지지받으려면, 휴머니즘 · 인권 · 평화 등 인류 보편적인 가치와 연결하는 '시선', '방향', '스토리텔링'에 눈떠야 하리라.

'기억의 윤리'를 떠올리며

죽은 자들은 말이 없다. 살아 있는 자들은, 그들을 말해 주어야 할 책임과 의무가 있다. 우리는 그들의 죽음에 많은 빚을 지고 있다. 그 빚을 갚는 길은 일단 그들을 기억해 주고 기려 주는 일이리라. 기억해 주는 것이 하나의 윤리라는 것을 알아야 하리라.

아비샤이 마갤릿Avishai Margalit은 『기억의 윤리The Ethics of Memory』(1939)에서 아우슈비츠 대학살(홀로코스트) 이후의 윤리가 어떻게 가능할까를 캐묻는다. 흥미롭게도 그는 '종교'를 대체할 것으로서 '기억'을 거론한다. 종교에 의지하지 않고, 살아 있는 자의 기억에 의지하여, 그것을 계승해 가는 가운데 윤리가 생겨난다고 본다. 기억은 개인적인 것도 있고, 집단적인 것도 있으며, 좋은-기쁜 기억도 있고 나쁜-아픈 기억도 있다. 당연히 윤리와 연관 지을 것은 '집단적' / '나쁜-아픈' 기억이다. 이것을 그는 윤리 문제로 끌고 간다. 이 경우 윤리란 '짙은 인간관계the thick relationships'로서, '옅은 인간관계the thin relationships'인 도덕과 구별된다. 기억은 윤리, 즉 '진한 인간관계' 속에서 공유 · 계승되어야 하는 것이다. 물론 '짙은 인간관계'가 도덕이고, 윤리는 '옅은 인간관계'가 아니냐고 반론할 수도 있으리라. 마갤릿이 말하는 기억의 윤리란 일반론적으로도 풀이할 수 있겠지만, 논의의 심층에는 홀로코스트라는 기억이 어떻게 '유대민족 공동체의 기억'이 되고, 그들 윤리의 기초가 될 수 있겠냐는, 매우 구체적인 문제를 붙들고 있다. 참고로 그의 부모는 팔레스타인에 있었기에 화를 면했지만, 그의 친척들은 유럽에 있었기에 나치에게 모두 희생당했다 한다.

한나 아렌트는 '악의 평범성에 대한 보고서'로서 『예루살렘의 아이히만』을 썼다. 거기서 그녀는, "자기가 무슨 일을 하고 있었는지 전혀 깨닫지 못했던 자"라고 아이히만을 표현했다. 나 자신도 일상 속에서 얼마나 크고 작은 악들을 그냥 무덤덤하게 넘겨버리고 있는가. 그 평범함에 젖어 생각하기

사각의 콘크리트 조형물

는커녕, 눈길도 주지 않는 일들이 얼마나 많은가. 이런 반성 속에서 나는 내 내면에 무언가로부터 큰 빚을 지고 살고 있음을 알았다. 억울하게 죽은 자들을 기억해 주지 않는, '아무 생각 없는' 이런 평범함도 하나의 '악'임을, 그런 것에 대해 내가 무감각해졌음을, 그런 아무 생각 없음(=무사유)에 대해 나 스스로 폭로해 보고 싶었다. 그래서 억울한 죽음을 기억해 주는 일이 하나의 윤리임을 말하고 싶어진 것이다.

몇 년 전 베를린 브란덴부르크 문門 인근의 '홀로코스트 메모리얼'에 들렀을 때, 눈에 들어온 2,711개의 사각의 콘크리트 조형물이 히틀러에 의해 죽어 간 수많은 유대인의 관이자 무덤이며, 침묵으로 시위하는 비석임을 느꼈었다. 그러나 그 무언의 아픔을 가슴깊이, 지성적으로 기억해 주는 일이 윤리임을, 그때 나는 알게 되었다.

생각해 보면 이 순간 내가 읽고 있는 책, 생각하고 있는 개념들, 쳐다보고 있는 저 오래된 건물, 누리고 있는 문화와 제도 등등 죽은 자들 없이는 무엇 하나 가능한 것이 없었다. 먹으며 살아 있다는 것은 끊임없이 무언가를 죽이고 있는 일이다. 산 자는 죽은 자의 힘에 의해 지탱되고, 죽은 자는 산 자에 의해 기억되고 있다. 이런 신비로운 사실을 안다는 것 자체가 하나의 윤리 혹은 종교 세계에 참여하고 있음을 환기해 본다.

소록도에서 본 소록대교

'엉엉 못 살고 죽은 생령生靈'의 땅으로

이튿날 아침에도 줄곧 비는 퍼붓는다. 그래도 어쩔 수 없다. 소록도를 향한다. 여수에서 한 시간가량을 달려 고흥에 도착, 드디어 소록대교를 건넌다. 마음은 벌써 '구천을 맴도는 넋[靈]이 일만[萬]이라'는 '만령당萬靈堂'에 가 닿아 있다.

3. 자혜라는 미소 머금은 제국의 의료제도 '자혜慈惠+병원'

검문소, 모든 검문은 두렵다

소록도에 도착, 주차장을 찾는다. 들어서기 전에 검문소에서, "왜 왔느냐?", "차는 몰고 들어갈 수 없으니, 주차장에 세우고 걸어 들어가라"고 한다. 그때 나는 금방 알아차렸다. 아, 이곳이 단속과 통제가 있는 곳임을. '검문소'란, 보통 '군軍 · 관官'의 용어로, '범죄수사나 치안 유지를 위하여 군인이나 경찰이 통행인을 막고 인적사항을 묻거나 소지품 및 차량 따위를 검사하는 곳'이다. 과거 군사독재정권 시절에 수시로 검문받은 기억이 있어, 검문이란 말에는 무조건 긴장하고 만다.

'만령당'에 가고 싶다 하니, "그곳에는 주민들이 살고 있기에 사전 허가 없이는 못 들어간다"고 한다. 뭔가 일이 잘 안 풀릴 것 같은 예감이 살짝 들었다.

어쨌거나 '왔으니 들어가 보자' 하고, 비 그친 길을 터벅터벅 걷기 시작했다.

한하운의 '추석 달' 생각

가을이 다가온 숲 근처, 비틀 털며 갈대가 서걱이는데, 추석을 앞두고 한하운의 시 「추석 달」이 떠오른다.

추석 달은 밝은데

갈대꽃 위에
돌아가신 어머님 환영幻影이
쓰러지고 쓰러지곤 한다.

추석 달은 밝은데

내 조상에
문둥이 장손은 차례茶禮도 없다.
추석 달
추석 달

어처구니없는 8월 한가위
밝은 달이다. (「추석 달」 전문)13

한하운이 돌아가신 어머니에 대한 애상을 읊은 시이다. "어머님은 내가 문둥이가 된 마지막까지 나를 옛날과 다름없이 사랑하여 주셨다. 모든 사람들은 나를 경원시하고 나의 주변에서 외면하고 사라졌다. 그러나 어머님만은 나에게 있어서 전 인류의 마지막까지의 단 한 분이었다. (…) 우시면서 비바람 속에서 눈보라 속에서 기도를 올리신"14 자신의 어머니에게 한하운은 시를 써서 바친다. 모든 어머니에게, 위대한 모성에 무조건 감사의 기도를 드리고 싶어지는 순간이다. 갈대꽃 위로 쓰러지는 한가위 보름달의 환영에서, 그는 돌아가신 어머님의 얼굴을 만났다. 분명 그것은 시인 내면 깊은 곳으로 타박타박 눈물로 걸어 들면 떠오르던, 이 지상에는 계시지 않는 그의 어머니 즉 관세음보살이었으리라.

푸른 관세음보살상
적조寂照 속 자비의 열반涅槃

(…)

생생세세生生世世
귀의하여 살고 싶어라. (「관세음보살상觀世音菩薩像」 일부)15

제국의 미소 띤 얼굴 '자혜慈惠+병원'

국립소록도병원은, '소록도자혜원'(1916.2.24) → '소록도갱생원'(1934) → '중앙나요양소'(1949) → '소록도갱생원'(1957) → '국립나병원'(1968) → '국립소록도병원'(1982)식으로 개칭되어 왔다. 처음 만들어진 '소록도자혜원'은 총독부령으로 이루어진 19번째의 '자혜병원'이다.

'자혜慈惠'라. 영어 charity의 번역어인데, 성서에서 말한 기독교적 사랑을 뜻한다. 위에서 베풀어져서 내려오는 사랑이다. 천황을 천주에다 오버랩시켜 간편하게 대중에게 '은혜'를 알리는 전략으로서는 탁월한 것이었다. 이런 자혜와 병원이 결합하여 생겨난 '자혜+병원'은, 일제강점기인 1909년(융희 3) 8월, 전주·청주·함흥 지방에 처음 세워지는 관립병원에 붙여진 이름이다. 이후 전국에 40여 곳으로 확대되어 광복 시까지 의료기관 역할을 한다. 일본에서는 어떤가. 1882년 8월 타카키 카네히로高木兼寛가 유지공립동경병원有志共立東京病院을 연 뒤, 1887년 4월 당시 황후皇后였던 쇼켄 황태후昭憲皇太后가 '자혜라는 이름을 내려' 동경자혜의원東京慈

자혜의원, 지금은 폐쇄돼 있다.

惠醫院으로 개칭한다. 아울러 1898년 쿠마모토시에 자혜진료소慈惠診療所가 프랑스 출신 선교사 장 마리 콜 신부 등에 의해 설치된다. 이렇게 보면 자혜라는 말은 일본이 '근대+서구+기독교+의료'를 발 빠르게 번안하여 제국의 의료제도로 구현해 간 것이다. 이 버전은 일본 내지와 호응하며 식민지 조선에도 이식된다. '미녀' 모습을 한 서구 문명의 인프라를 구축하는 사업은, '야수=야만'의 아시아 지배를 가장 쉽고도 효율적으로 코드화 해내는 명분이었다. 질병에 대항하는 의료-위생의 가운을 입힌 '선한 이미지'를 한 검은 지배의 손길은 오리엔탈리즘이라는 황포돛배를 타고, '자혜'라는 따사로운 미소를 머금고서, 백조처럼 유유히 식민 공간을 이곳저곳 배회하게 된다.

절대 격리라는 비극을 희화화한 '수탄장愁嘆場'

국립소록도병원을 찾는 경우 처음 만나는 곳은 '탄식의 장소' 수탄장 유적지이다. 그런데 '수탄장'이란 게 뭐며, '언제, 왜' 이 말이 붙여진 것일까? 찾아봐도 별 뾰족한 기록이 없다. 『소록도 100년: 한센병 그리고 사람, 백년의 성찰』에 따르면 이렇다: 1948년 4월 15일 김상태 광주의대 교수가 소록도갱생원 제8대 원장으로 부임하게 되면서 일제 치하 소록도갱생원에 근무했던 경험을 살려서 '자신에게 익숙한 통제방식을 재생'시켰다. 광복 후 민주주의와 자유주의 분위기가 조성되면서 소록도갱생원에도 환자들을 위한 제도적 개선들이 이뤄지고는 있었으나, 3년이 되지도 않은 짧은 시간에 제도들은 환원되고 통제 위주의 질서가 재 확립되었던 것이다.16

다시 말하면, "'절대격리'의 상징이던 직원지대職員地帶와 병사지대病舍地帶를 무독지대無毒地帶 · 유독지대有毒地帶로 했던 구분을 부활시켜, 엄격한 경계선을 재확립하였다. 장안리를 경계로 남북으로 아카시아나무를 심고 거기에 철조망을 쳤으며, 병사지대로 통하는 도로 입구에는 건물 2동을 지어 감시소와 면회실을 설치하였다. (…) 환자를 면회 온 방문객들은 절차를 마친 후 면회실에서 대기하고 해당 환자가 오면 칸막이를 사이에 두고 면회를 해야 했다. 특히 직원지대 보육소에서 지내던 자녀들과 부고들의 면회도 자유롭게 이뤄지지 못했다. 부모와 자녀는 경계선 도로 양쪽 끝에 일렬로 서서 월 1회 면회를 해야 했다. 자녀는 바람을 등지고 부모는 바람을 맞는 위치에 선 채, 2미터 정도의 간격을 두고, 서로 만지거나 안아 볼 수 없었다."17

수탄창

병을 이유로 철조망까지 쳐서 혈육을 단절시켜버렸다니. 삼팔선 철책이나 형무소 담장 같은 '절대격리'의 방식은 환자와 그 가족들에게 치유할 수 없는 쓰라린 상처를 남긴다. 이러한 발상법은 도대체 어디서 온 것일까? 서기재의 「한센병을 둘러싼 제국의학의 근대사-일본어 미디어를 통해 본 대중관리의 전략-」에서 밝히듯이, 일본이 자국 및 식민지 조선의 한센병 환자들을 절대격리하게 된 것은 '문명국가 건설의 과잉'에서 비롯된다. 1897년 베를린에서 열린 제1차 '국제나회의國際癩會議' 이후, 베르겐의 제2차 회의, 스트라스부르의 제3차, 카이로의 제4차 회의에서 이루어진 국제적 논의는 '환자의 승낙에 의한 격리'나 '집 근처에서의 인도적 격리', '합리적 퇴소의 보증'처럼 절대격리가 아니었다. 이러한 국제적 흐름에서 일탈한 것은 제3차 회의에서 일본(식민지 포함) 한센인이 10만 명을 넘는다는 보고 때문이다. 이 회의에 참가했던 '구라救癩(한센병을 구함)의 아버지'라 불리는 미쓰다 겐스케光田健輔가 '야만적이고 미개한 원주민에게 만연한 나병이 순결한 혈통의 일본인에게 많다는 보고는 서양 국가에 대한 굴욕적 사실이라는 개탄하며 한센인 격리를 주장'한 데 따른 것이다.18

절대 격리의 구획과 동시에 철조망이 사용된 것은, 소록도 갱생원 제8대 김상태 원장이 위의 '(일제강점기의) 절대 격리 (…) 구분을 부활시켜, 엄격한 경계선을 재확립하였다'는 기록을 참고한다면, 소록도자혜원 설립(1916. 2. 24) 당시로 추정된다. 『사진으로 보는 소록도 100년: 한센병 그리고 사람, 백년의 성찰』에서는 이렇게 기록한다: "일제강점기 소록도는 직원지대와 환자지대를 엄격하게 구분하고 직원지대를 「무독지대」,환자지대를 「유독지대」로 칭한 경계선을 구획하였다. 남북으로 이어진 철조망을 쳤으며 (…) 광복 이후에도 사정은 달라지지 않아 경계선을 넘지 못하도록 환자들을 엄격하게 다루었다."19

같은 책에 소개된 지도를 보면, 철조망 설치는 1916년 자혜의원 설립 당시에는 섬의 안쪽에, 1933년 이후에는 중간쯤에, 1947년 이후에는 섬 바깥쪽으로 이동해왔음을 알 수 있다.20 소록도 관계자는 그 철조망이 1950, 1960년대 이후까지 유지되었다고 한다. 철조망을 사이에 두고 혈육이 접촉불허 상태로 쳐다보면서 눈물을 펑펑 쏟던 광경을 지켜본 사람들이 '탄식의 장소'라는 뜻으로 수탄장愁嘆場이라 불렀다고 한다.

이쯤에서, 나는 기존의 기록과 기억을 약간 수정해 두고 싶다. '수탄'은 '근심하고[愁] 탄식함[嘆]'인데, '장'은 '장소'가 아니라 '장면(혹은 국면)'의 뜻이다. 왜냐하면 수탄장은 일본어의 '슈탄바しゅうたんば'—'수탄장愁嘆場'이라 쓰기도 함—에서 온 것으로, 우리 문화에서 잘 사용하지 않는 낯선 용어이다. 일본의 전통극 죠루리浄瑠璃나 가부키歌舞伎에서, 부모와 자식, 부부 등의 생이별, 사별 같은 슬픔의 눈물을 흘리는 비극적인 장면을 말하는 용어이다. 이런 일본 전통 연극용어가 '언제?, 왜?' 한센병 환자 가족들의 비극적 면회 장면에 차용된 것일까. '장場'이란 우리에게 익숙한 한자어인데, '장면'의

뜻이어야 할 것이 슬쩍 '장소'로 바뀌면서, 일본 전통 연극용어라는 신분은 은폐돼 버렸다. 가부키 용어로서 우리에게 보편화한 '18번十八番(쥬하치방)'처럼, 수탄장이 소록도 이미지 가운데 18번쯤으로 희화화되는 씁쓸함을 차마 지울 수가 없다. 여하튼 내가 상기시키고 싶은 것은 '언제, 누가, 왜' 그렇게 불렸겠느냐는 점이다. 이 물음은 감사하게도 서기재의 값진 연구「한센병을 둘러싼 제국의학의 근대사–일본어 미디어를 통해 본 대중관리의 전략–」을 읽고서, 차츰 풀리기 시작했다. 관련 내용을, 서기재의 연구에 의거하여, 아래에서 조금 더 간추려 정리해 두고자 한다.

4. "말 못 할 가슴 속 신음 같은 파도 소리"
—역사와 비역사의 무심한 공존

'소록도갱생원', 식민지의료의 전시 장으로서 관광화

패전 후 미쓰다 겐스케는 '나병관리강습회'(나가시마애생원, 1949. 3. 6)에서 일제 치하 당시 소록도갱생원 사업을 '조선통치의 본질을 표상하는 선정善政'이나 '조선통치에서 자랑할 만한 업적'으로 소개한다. 이러한 관점은 미쓰다 등의 식민지 조선의 한센병에 관여한 인물들의 속내를 읽기에 충분하다.

소록도 내부 풍경, 왼쪽이 국립소록도병원, 중앙 큰 건물이 한센병기념관이다.

서양 열강과 어깨를 겨누며 아시아 유일의 제국의 위상을 갖던 일본이 근대 의학 분야에서 상당히 뒤처진다는 콤플렉스를 한센인 '관리시스템과 대중호응'에 기대어 극복하려는 의도가 있었다. 이를 위해서 미디어(일본어와 한국어 신문)를 적극적으로 활용하였다. 그것을 통하여 한센인들의 이미지를 부랑-불온-위험의 존재로 적극 부각하며, 아울러 그들을 '조사-색출-격리'(한국어 신문)해야 하며, 그럼으로써 식민지 의학의 위엄을 홍보, 과시하려 한다(일본어 신문). 여기서 '위엄'이란 진보해가는 의료시설, 갱생원의 체계적 시스템, 조선인들의 황국신민으로서의 행복감, 나예방협회의 활동과 성과를 말한다. 이런 노력은 식민지 조선 경영에서 이루어진 정보와 지식을 본국으로 회수·접적하여 제국의 의학지醫學知를 심화시키고, 제국의 품격을 높여 가며, 궁극적으로 제국주의를 확장하는 이른바 제국지帝國知의 선순환 설계도에 따른 것이었다.21

1930년대 일본 내 미디어에서는 소록도갱생원이 '별천지-천국-낙원-천혜'로서 묘사되고, 따라서 '황국신민으로서의 자부-천황에 대한 감사-진정한 일본이라는 공감'을 형성하려 하였다. 다키오 에이지 씨가 공들여 수집·정리한 『식민지하 조선 한센병 자료집성(東京: 不二出版, 2002)』에 따르면, 1930~1940년대 일본의 잡지 및 개인기록물에서 일본인들이 소록도를 방문한 기록은 50편에 이른다. 한 방문기에서는, 소록도를 일본인들에게 친숙한 곳으로 소개하

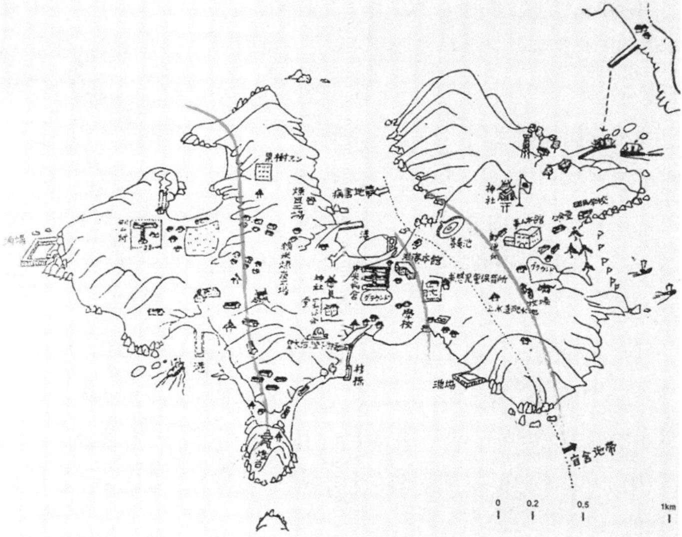

소록도 철조망의 이동

기 위해서 '최승희가 태어난 곳이자 손기정 선수를 낳은 고향으로 친숙한 조선!!'이라 하며, 소록도와 관련 없는, 일본에 친숙한 유명 조선인들을 호출하기도 한다. 미쓰다 겐스케가 1940년 소록도갱생원을 시찰한 뒤 쓴 감상문에는, 소록도 한센인들의 풍년춤을 '일본의 본오도리盆踊り'에 비유하기도 한다. 1939년 6월 발간된 한국최초의 관광잡지 『관광조선』은 1941년 1월에 『문화조선』으로 이름을 바꾸는데, 여기서는 일본 각계 인사들의 조선 방문기를 실어 실시간으로 조

선의 상황을 전달하고 있다. 1942년 5월에 출간된 『문화조선』 4권 3호에는 '소록도 특집'이 구성되어, 소록도의 지도·교통편 등 다양한 측면들을 소개한다. 흥미롭게도 일본과 경성에서 각각 해로와 육로로 소록도에 가는 경로를 자세히 소개하고 있다. 사실 일제는 소록도의 관광보다는 식민지 의료의 전시장으로 대중에게 소록도를, 식민지 의학·의료의 정화로서 미화·소개, 유포하는 목적으로 초대하려는 것이었다.22

이런 내용들을 참고한다면, '수탄장'이라는 용어의 등장은 아마도 이즈음 즉 소록도가 식민지 의료의 정화를 보여 주는 전시장으로 미화·관광화되는 시기가 아닐까 추정된다. 부디 이 미완의 내 호기심과 탐색에 도움을 줄 분들이 있기를 기대한다.

조용한 해안에 공존하는 역사와 비역사

소록도의 아픔과 비극의 역사적 서사narrative를 싹 지우고서, 오른쪽 옆으로 펼쳐진 깨끗하고 조용한 해안의 자연경관. 그렇게 소록도는 역사와 비역사가 무심하게 공존한다. 잔잔한 듯 거친 파문에 조심스레 생각을 묻고 묻으며, 한하운의 「해변에서 부르는 파도의 노래」를 떠올리며, 나는 다시 길을 재촉한다.

말 못 할 가슴속 신음 같은 파도 소리

한시도 쉴 새 없이 쳐밀고 쳐가는 해식사海蝕史23

깨끗이 조성된 데크길을 따라 10여 분 들어가면, 왼쪽으로 국립소록도병원, 그 뒤로는 소록도중앙공원과 구 소록도갱생원 감금실과 검시실이, 오른쪽으로는 국립소록도병원과 한센병박물관 등이 소록대교와 바다를 배경으로 서 있다.

먼저 한센병박물관에 들렀다. 이런저런 내용을 둘러본 뒤 만령당으로 향한다. 아뿔싸! 잘 모르고 그만 출입 통제 지역에 들어서고 말았다. 소록도 자치회 어른들이 큰소리로 나를 불러낸다. 사진을 찍다 말고 길바닥에 서서 꾸지람을 들으며, 여기에 오게 된 사정을 한참 설명하고서야 겨우 허락을 얻어 언덕길을 걸어 오를 수 있었다. 충분히 이해가 간다. 관광객들이 마을까지 들어와 이곳저곳 사적인 공간을 기웃대는

순바구길 비석

게 꽤 불편한 것이다.

'경천애인敬天愛人'이라?

마을을 잇는 길에 '순바구길' 비석이 서 있다. '순바구길'이란 해방 후 구성된 건설대建設隊로 50년 동안 일했던 '박순암'을 기리기 위해 세운 것이란다. 순암의 '바위 암岩' 자를 전라도 사투리 '바구'로 불러 '순+바구'라는 신작로 길 이름을 만들고 비석을 세운 것이다. 순바구는 참혹하게 일만 하며 학대받으며 살아온 소록도의 한센병 환자들 전체를 대신하는 별명이라 해도 좋다. 「순바구길 기념비」 뒷면, 1978년 5월 17일 신정식 국립나병원장 명의로 적힌 글을 읽어 본다.

> 이 동산 모든 것이 하나같이 환자들의 손으로 되지 않은 것이 없다. 이 섬에 병원 개설의 첫 삽을 내릴 때나 다음으로 확장공사가 이루어질 때도 도로 · 선창 · 방파제 · 병원 · 주택 · 창고, 각 작업장의 건축, 공원 조성 등 온갖 것이 그들의 피와 땀, 살과 뼈를 깎으면서 만들어졌으니 이 섬이 있는 동안 우리는 그 공로를 잊을 수 없다. (…) 조국 광복 후로는 비교적 건강한 환자로 건설대를 스스로 조직하여 (…) 이제 그 책임자로 50년을 하루 같이 몸을 바친 박순암의 아명을 따서 이 길을 순바구길로 짓고 (…) 비를 세운다.24

아, 가만히 읽고 있으면 그냥 눈시울이 젖는다. 평생을 한센병이란 천형天刑에 갇히고, 다시 절대격리에 갇히고, 억압과 폭력, 감금과 수탈, 편견과 차별에 갇히고……. 남은 것은 결국 비석인가.

'순바구길'로 비석에서 오른쪽으로 틀다가, 뒤편 언덕 위 높은 곳을 쳐다본다. 빗돌 하나가 떡 하니 서 있다. 글귀를 읽어 본다. '경천애인敬天愛人'이다. '경천애인'이라?! 이 '경천애인비'에는, 자료에 따르면, 이런 사연이 있다. "일본 왕실의 정명태후가 소록도갱생원에 여러 차례 위문금과 선물을 보내옴에 따라 1938년 공회당 정면 언덕에 구북리 십자봉에서 가져온 돌로 태후의 '어가'를 새겨 비석을 세웠다. 비용은 환자들의 사은갱생일 작업으로 모은 돈을 썼다. 돌의 무게가 15톤이나 되었고, 수많은 환자를 동원해 목도로 운반했다. 어가비 내용을 노래로 만들어 환자들에게 암송하게 했다. 1961년 일제의 잔재를 청산하는 의미로 '경천애인敬天愛人'을 새겼다"한다. '정명태후어가비'란 "벗이 되어 위로하여라, 가기 어려운 나를 대신하여(つれづれの友となりてもなぐさめよ ゆくことかたきわれにかはりて)"라는 내용으로, 1939년 11월 25일에 세워진다.25

『소록도 한센병환자의 강제노역에 관한 조사』를 보면, "세상에서 버림받은 전염병 환자가 세계 제일의 '낙천지'에 들어오는 '황은皇恩'을 입었기 때문에 황은에 보답하기 위해 최대한 전쟁 수행에 기여하여야만 한다"는 이유로 1940년 4월에 조성된 중앙공원에서는 "매월 1일 '신사참배일', 10일 '사은갱생일(일본 왕비가 내린 하사금기념일), 20일 '보은감사일'의 행사 등이 행해졌다"고 한다.26

'일제의 잔재를 청산하는 의미로 경천애인을 새겼다'라고는 했지만, 과연 그런가? 경천애인이란 우리에게 익숙한 말이긴 하다. 그런데 기억해야 할 것은, 이 말이 일본의 사이고 다카모리西鄕隆盛(1828~1877)의 좌우명이기도 하다는 점이다. 잘 알려진 대로, 그는 메이지유신 삼걸三傑의 한 명으로, 도쿠가와 막부 시대를 종언시키고 천황 중심의 왕정복고를 성공시키는 데 가장 중심적 역할을 한 인물이다. 이후 사무라이들의 입지가 좁아져 그들의 불만이 높아지자, 그것이 반란으로 표출되기 전에 조선을 정벌하는 전쟁을 일으켜 이를 해소해야 한다는 이른바 정한론征韓論을 그는 강력히 주장했다. 그는 인간의 힘으로는 어쩔 수 없는 역사적 필연성 같은 '하늘의 힘'을 의식하면서 '경천애인'을 좌우명으로 삼았다.

그렇다면 소록도에서 '하늘을 공경하고 사람을 사랑하라!'는 '경천애인'은 어떤 맥락에서 이해해야 하는가. '하늘 천'은 도대체 무슨의미인가? 소록도의 많은 교회가 찾는 기독교의 하느님? 천황? 한센병자들의 운명? 역사적 필연성? 자연? 도대체 어떤 하늘을 경외하란 말인가. 그리고 사람을 사랑하라 하는데 도대체 누가 누구를 사랑하라는 말인가. 아, 맥락을 일탈한 말이 왜 해방 후에 다시 소록도에 세워졌단 말인가? 나로서는 알 길이 없어, 전동휠체어로 다니는 주민들만

길을 물어 가며, 산길을 오르락내리락 길을 헤매다가 다행히 고요한 해변에 닿는다.

경천애인敬天愛人 비석

5. 소록도, 진정한 신뢰와 사랑 없는 '당신들=그대들'만의 천국

교회 · 질병 · 구원

주변에 있는 폐쇄된 집단주거 시설을 둘러보고, 남성교회(1963년 건축) 앞쪽의 조용한 길을 따라 해변으로 간다. 지나오는 곳, 이곳저곳에 세워진 교회에서 나는 직감한다. 구약에 이어 신약성경에서 예수가 한센병 환자를 치료하는 장면이 종종 등장하듯, 한센인에 대한 예수 모델이 이곳에서 시험되고 있었음을. 긍휼과 사랑을 전달하는 저 기독교의 정체성 실현은 바로 이곳 소록도가 교본적이고 상징적인 최적의 터였다는 것을. 사회적 격리와 차별, 분리와 기피의 대상을 인류애(박애)로 극복 · 전환해 가는 '희망의 빛'이 바로 저 교회임을 시의적절하게 인식시키고 있었던 것이다.27

서구의 기독교가 근대기 아시아 선교를 기획할 때, 소록도의 한센병 환자는 당연히 기독교의 긍휼과 사랑이라는 중심 메시지를 생생하게 전달하는 핵심 미디어이자 매개체로 스포트라이트를 받고 있었다. 세상에서 가장 그늘지고, 어둡고, 상처 입고, 피고름 흐르는 땅에 교회는 일단 '자혜'를 명분으로 발붙일 곳, 설 자리를 제대로 찾았던 셈이다.

그런 간절한 곳에, 아니 그런 '최악의 고질병'으로서만 하느님께 절대적으로 의지하는 믿음을 갖게 되니, 질병은 곧 '감사'의 의미로 바뀌게 된다. 『성서조선』 제106호에 실린 한 환자의 글에서 당시 환자들의 심경을 읽어 낼 수 있다: "소록도는 지금 육肉으로 영靈으로 참 다사한 때입니다. 기왕 우리에게 병고를 주실 바에는 최악의 고질을 주신 것을 감사하지 않을 수 없습니다. 어리석은 인생은 자기의 몸이 편하고 좀 행복을 느낄 때에는 하나님께 의지하는 맘이 없어지는 까닭입니다. 새로운 형제들도 이러한 의미로 보아 소록도로 온다는 것이 곧 하나님께 온다는 것을 믿습니다."28 죄가 곧 구원의 근거이다. 죄가 없으면 구원도 없으니, 질병은 원죄로 대체돼, 애타게 구료救療를 원했다.

이곳에서는 불교의 영향력은 미미했고, 신사참배는 강제적으로 이뤄졌다. 즉 스오 원장은, 일본 정토진종淨土眞宗(1877년 한국에 침투)의 본산 혼간지本願寺 포교사를 직원으로 초빙하여 불교를 통한 정신적 교화와 위안을 도모하였다. 그러나 그 영향은 크지 않았다. 소록도 자혜의원 설립 초기부터 일제는 나구료癩救療 사업에 천황의 은혜를 덧입혀 나환자에 대한 사회의 관심을 끌어모은 후, 동정을 받고, 환자들에게 신사참배를 강제하여 왔다.29

아마도 군대조직처럼 환자들을 획일적으로 동원·통제하는 데에는, 아미타여래가 중생을 구하려고 세운 발원發願에 절대 의지하여 성불을 구하는, 저 타력본원他力本願의 정토진종이 유리하다고 판단했을지도 모른다. 그러나 오직 하나님 그분에게만 의지하는 '절대타력'이라는 신앙의 방법으로, 이미 기독교는 '자혜'를 간판으로 하여 선점하고 있었다. 그래서 천황의 은혜(=皇恩) 개념을 기독교의 '자혜'에 덧씌우는 편이 훨씬 수월했으리라 생각은 되나, 사실 그보다는 신사참배를 엄격하게 강제하여 한센병자들을 일본에 예속시키는 편이 실제적 · 현실적이라 생각했을 것이다.

고요한, 불안한 해변을 읽는다

해변으로 가는 길, 왼쪽으로 콘크리트 기둥으로 된 낡은 사각형 정자가 있고, 그 너머로 너른 바다가 펼쳐진다. 너무 조용하다. 폐허가 된 마을처럼, 텅 빈, 묘지처럼. 아무도 없다. 정자에 누구라도 있어야 할 법한데, 적막과 소멸의 시간뿐. 그래서 나는 이곳이 두렵다. 차라리 바람이라도 조금 심하게 불어댔으면 하는 상상을 해본다. 폴 발레리의 「해변의 묘지」에서, "바람이 분다! (…) 살아야겠다. / 세찬 바람은 내 책을 여닫고 / 파도는 분말로 바위에서 마구 솟구치나니!"라는 구절이 새롭다. 그러나 바람이 불지 않아도, 고요해도, 이곳에서는 또 누군가가 살아야 하리라.

신발을 벗어들고 나는 이리저리 모래와 자갈 위를 걷는다. 지평선 끝자락의 구름에 아슬아슬 숨은 자그마한 섬들, 산들. 이곳에 갇혀 있던 환자들에겐 저 산 너머에서 기다리

남천교회 앞 해안가의 정자 너머로 바다가 보인다.

는 가족들 생각으로 가득하였으리라. 1946년 9월에 설립되어 1987년 2월 폐교된 녹산중학교 교지『불사조』제4권 3호(1958. 9. 17)에 실린, 녹산중학교 1학년 이남식이 쓴 시의 그리움에서, 이 섬에 살던 환자 모두의 그리움을 읽어 낼 수 있다.

저 산 넘고 또 산 넘어 면 고향
하늘엔
그리운 어머님 살고 계시련만
외로운 타향에 세월 보내며
어머님 생각에 눈물지어요.
(…)

이 해는 새 약 먹고 새 정신 가져
보고픈 어머니 계신 곳 찾아가려고
고이고이 마음 가져
손꼽아 기두려요. (「그리운 어머님 생각」 일부)30

그리움은, 한센병 치료 '약'에 기대어, 부풀고 있었다. '새 약 먹고 새 정신 가져 / 보고픈 어머니 계신 곳 찾아가려고 / (…) / 손꼽아 기두려요'라는 말에서, 그만 가슴이 먹먹해진다. 어린 환자들이 '천형天刑'을 겪으며 바라보던 바다, 그 너머 육지는 모두 어머니 얼굴이었으리라.

한하운의 시에서처럼, 모두 파랑새가 되어 언젠가 저 육지 고향쪽으로 훨훨 날아가고 싶었을 것이다: "나는 / 나는 / 죽어서 / 파랑새 되어 // 푸른 하늘 / 푸른 들 / 날아다니며 // (…) 나는 / 나는 / 죽어서 / 파랑새되리."(「파랑새」 일부)31

낯선 '하나이 원장 창덕비'

다시 발길을 소록도 자혜의원 시기 제2대 원장 하나이 젠키치花井善吉(재임 기간 1921~1929)를 기린 창덕비(=「하나이 원장 창덕비」)가 있는 곳으로 향한다. 현재 폐쇄된 '자혜의원慈惠醫院' 바로 앞에 서있다. '자혜'라는 말이 눈길이 닿는다. 이제 이 말도, 여기서는 지금, 폐기됐다.

하나이는 만 8년의 재임 동안 환자들의 처우를 개선했는데 그가 갑자기 죽자, 1930년 9월 3대 원장 야자와 슌이치로矢

소록도 해변

澤俊一郎 때 환자들의 모금으로 건립하였다 한다. 초대 원장이었던 아리카와 토오루蟻川享(재임 기간 1916~1921)가 운영 방식에서 매우 강압적이었다. 심전황의 『소록도 반세기』(전남일보출판국, 1979)와 『아으 70년, 찬란한 슬픔의 소록도』(동방, 1993)에 자세히 기술된 대로, 아리카와는 당시 무단 통치에 발맞추어 환자들에게 의식주를 완전히 일본식으로 강요하고, 까다로운 규칙 사항인 「심득서心得書」를 낭독시키는 등 많은 불편과 반감을 불러일으켰다.

이에 비해 하나이는 대조적으로 온건했다. 환자들이 자비로 창덕비를 세워 줄 만큼 환자들의 의료와 생활 여건 개선에 그가 적극적이었다. 그래서 그는 다섯 명의 일본 원장 가운데 가장 존경받고 추앙받는 존재가 되었다 한다. 그런데,

그런 존경과 추앙이란 말이 왠지 나에겐 낯설고, 생뚱맞다. 일제 식민지 치하에서 일본인의 온정주의란 게 무슨 의미일까. 진정한 사랑이었을까, 악어의 눈물은 아니었을까.

아무리 '낙원'을 만들어 주겠다고 외칠지언정 상호 간 신뢰와 사랑이 없다면 그것은 공허한 외침일 뿐이리라. 이청준의 소설 『당신들의 천국』(1976) 말미에서 이루어지는, 서미연과 윤해원의 결혼처럼 말이다. 신부 서미연은 한센병자 아이들을 가르치던 건강한 여교사이고, 신랑 윤해원은 환자촌 출신 음성병력자이다. 진정한 공동체는, 지배자와 피지배자, 병자와 건강인, 온건과 불온 사이에 놓여 있는 경계의 철조망을 허물어야 비로소 이루어지는 법이다. 진정한 신뢰와 사랑이

하나이 원장 창덕비花井院長彰德碑

바탕이 되어야만 저곳 '당신들의 천국'이 이곳 '우리들의 천국'으로 바뀌는 것이다. 비록 소록도 이야기가 아니더라도, 우리 사회에는, 아니 역사 속에는, 얼마든지 '당신들=그대들'만의 천국 건설에 몰두하며 사람들을 희생시키는 일들이 벌어질 수 있다. 허황된 고통스러운 천국, 그 날조된 복음의 큰 목소리로.

6. 구천을 맴도는 넋이 일만이라 이곳에 설잠드시니, 이름하여 만령당이라

한센병 환자 색출, 강제수용의 흑막

지금은 문둥병 · 나병이라 하지 않고 한센병이라 하는데, 우리나라전통시대에 이 질병은 역병疫病 즉 집단적으로 생기는 전염병이었다. 『향약집성방』, 『동의보감』에는 이 질병에 관한 상세한 기록이 있고, 『조선왕조실록』에는 질병 관련 사례와 사회적 문제가 기록되어 있다. 이 병은 의료선교사나 조선총독부가 근대적인 세균학적 지식을 보급하고 난 다음 비로소 전염병으로 확정되었다. 20세기 내내 '나병'이라는 용어로 통용되었지만, 이 환자들을 격리 · 차별했다는 이유로 현대에는 인권존중 차원에서 나병 대신에 '한센병'이라는 용어가 자리 잡기 시작했다.32

서기재 박사가 정리한, 1929년 간행된 잡지 『조선(朝鮮)』의 7, 8, 9월호에 수록된 각도 경찰부 위생과의 '한센인의 풍습과 미신요법' 관련 조사에 따르면, 전라남도 · 경상남도 · 강원도에서 "'아이의 간' 혹은 '인육'을 먹으면 완치된다"는 내용이 들어 있다. 이것은 한센인을 혐오(=위험시)하는 담론을 형성하여, 먼저 비환자(=대중들) 스스로가, 다음으로 총독부가 한센인들을 적극 추방, 격리수용을 하도록 요청하는 분위기를 만드는 전략이었던 것이다.33

잠시 류준柳駿 박사(영남대 총장 · 재단 이사장 등 역임)가 구술한 「주방周防 원장 이야기-3」에도 잘 드러나 있다. 주방周防은 '주방정계周防正季' 즉 '스오 마사스에'를 말한다. 말이 나온 김에 그에 대해 약간 언급해 두기로 한다. 여러 기록에는 주방周防을 '수호' · '슈호', '정계正季'를 '마사히데' · '마사키' 등으로 읽기도 하나, 모두 잘못이다. 1933년 제4대 원장 스오 마사스에(1933~1942)는 부임하면서 기독교 신앙을 용인하지 않고 교회를 탄압하는 대신, 신사참배를 강요하였고 일본의 황실과 일제의 은혜에 감사하도록 하였다. 한센인들의 소록도 생활은 차츰 강제노역과 굶주림 · 학대 등으로 절망상태에 도달

만령당 모습

한다. 1941년 태평양전쟁이 시작되면서 환자들은 전쟁물자 공출에 동원되어 고통은 극에 이른다. 심지어 스오는 현재의 중앙공원에 환자들의 돈으로 자신을 위한 동상마저 세우고(1940년 8월 20일 제막) 매월 20일 참배하도록 강요하였다. 그러던 중, 1942년 6월 20일 오전 8시, 스오 동상 참배와 그의 훈시를 듣기 위해 환자들이 집합한 자리였다. 청년환자 이춘상이 갑자기 뛰어나와 스오의 흉부를 칼로 찌른다. 스오는 곧 숨졌다. 이춘상은 당시 소록도갱생원의 인권 탄압과 그 부당성을 폭로하고자 하였다.34 이후 중앙공원의 스오 동상은 철거되고 흔적만 남아 있다. 1972년 5월 17일, 개원 56주년을 기념하여, 큰 바윗돌에 한하운의 시 「보리피리」를 새겨 '한하운 시비'라 이름 붙였다.

다시 원래 이야기로 돌아가서 류준 박사의 주방周防과 일제강점기 나환자 관련 구술증언을 들어 본다.

> 주방이에 대한 공정한 평가를 한다면 난 이러고 싶어요. 한국의 문둥병을, 그 당시에 주방이 전에는, 문둥병이라는 것은 공포의 비극의 상징밖에 안 됐어요. 1927년, 그때 기록을 보면, 나환자들 떼를 지어 가지고 댕기면서 행패를 부리고, 잔치집을 습격하고, 뭐 그런 기록이 허다해요. '어린애들 잡아먹었다, 쪄먹었다' 그런 기사가 연간 한 5, 6건씩 있었다구. 내가 어렸을 적에도, 우리 충청도, 내가 천안 사람인데, 문둥

이 나온다고 말이야. 나가 놀지 말라고, 보리밭에 나가지 말라고, 그런 기억이 있거든요. 그때 나환자들도 그러니까 자기들 혼자 살기가 힘들거 아니에요? 어디 가서 혼자 다니다가는 잘못하면 동네 사람들한테 맞아 죽을 염려도 있고 그러니까, 떼를 지어 가지고 저들끼리 있어 가지고, 어떤 잔치집이 하나 있으면, 혼인집 같은 데서는, 어떤 사람이 환갑잔치를 하는데, 나환자 떼가 와 가지고, 그냥 막 해서, 환갑잔치가 그냥 엉망이 되고, 막 소동이 벌어지고 그런 기사도 있더라구요. 그랬는데, 그때 어떤, 그 사람 이름을 기억을 못하겠어요. 신문에 보니까, 어떤 사람이, 사회에서 나환자 옆에 오면 등네 사람들이 막, 저항하고 그랬을 거 아니예요? 그때 어떤 그 사람 내가 누군진 모르겠지만, 아주 스마트한 사람이야. 나환자가 자기들끼리 회를 만들어 가지고, 상조회를 만들었어요. 상조회라는 게 거기서부터 나왔더라구요. 그래 가지구 저희들끼리 인제, 해 가지구, 그담부터는, 어디서 초상집이 생겼다, 무슨 환갑잔치를 한다 그러면 떼로 가서 방해를 하고 협박을 해 가지고 밥을 얻어먹고 지불받는 게 아니라, 아주 정식으로 대표를 보내 가지고 교섭을 해서, "아, 댁에 환갑잔치를 하니까 우리몫으로……", 모르지 난 상상컨대, "돼지 반 마리만 달라" 그랬든지 원, 갈비 반짝만 달랬든지, 협상을 하고, 그렇게 해서 일반 주민하고, 나환자간에, 그런 거를 했더라구요. 그런데 그거를 그 당시 총독부에서 보호를 했더라구요. 승인을 하고, 상조회라는 걸. 그것이 한 군데에서 그렇게 성공을 하니까, 그 지부가 생겼더라구. 여하튼 소록도로 나환자를 붙들어 가니까 상조회 있으면 안 될 거 아뇨. 상조회 인제 못하게 했다구요. 박순주인가 하는 맞아 죽은 사람 있잖아요. 환자 대표. 그 사람이 왕초 대장이었다구요. 경상도에서 환자들 모집 데려올 때 그게 왕초니까.35

류준 박사는 두 가지를 이야기한다. ① 한센병 환자들에 대한 혐오스러운 행동과 관련 기사 건, 그리고 ② 그들의 단체행동과 조합설립 및 금지된 이유의 건이다. 특히 한센병 환자 관련 혐오사건 기사가 '연간 한 5, 6건씩' 있었고, 그 반면에 환자들은 '떼'를 지었다가 드디어 '단체행동' → '조합'으로 이어졌다가 소록도로 격리수용하게 된 다음 상조회 활동이 금지되었다고 한다. 한센병 환자는 당시 대중들에게 혐오와 공포의 대상이었으며, 단체활동(=상조회) 허용으로 양성화(=현황파악)하고 있다가 결국 소록도로 격리수용 되어 가는 레퍼토리로 요약할 수 있다. 그 배후에 '총독부'의 보이지 않는 손이 있었음을 놓쳐선 안 될 것이다.

한센병 환자들을 추방 · 격리하도록 대중들과 총독부에 요청하기 위한 당시 언론의 보도는 일본어신문이든 한국어신문이든 섬뜩할 정도였다. 당시 한센인 관련 주요 기사 제목 몇 건을 소개해 보면 이렇다.

> 「나병에 걸린 자기 아이에게 인육이 약이라고 듣고—거지 소년을 죽인 엄마 마침내 사형」(『조선조일朝鮮朝日』 1925.10.22) / 「어린아이를 죽여 생간을 꺼낸 한센병 환자」(『조선통신』 1927.3.18.) / 「살아 있는 사람에게 떨어지는 피를 빨아먹는 흉폭무자비한 살인귀」(『조선조일』 1928.3.30.) / 「생간을 빼내는 나환자 일당」(『경성일보 1928.6.10.)』 * 이상 일본어신문.
>
> 「미신은 망국의 화원禍源: 문둥이는 음경을 먹어도 결단코 병은 낫지 않는다—타파하라 속히 미신을!」(『동아일보』 1920.8.13.) / 「십이세소아十二世小兒를 할복후적간割腹後摘奸」(『동아일보』 1927.3.15) / 「청춘소부식인귀靑春少婦食人鬼 칠세여아七世女兒를 압살팽식壓殺烹食 악귀惡鬼도 전율戰할 미신참극迷信慘劇」(『동아일보』 1928.5.15) / 「무덤을 파헷치고 어린애 송장을 먹어」(『조선일보』 1930.9.7) / 「문둥병자가 오세아五世兒를 죽여 경주에서 일어난 대소동—가경可驚할 미신迷信의 폐해弊害」(『조선일보』 1931.9.1.)36 * 이상 한국어신문.

이런 끔찍한 기사를 읽는 대중들의 심경은 어떠했을까. 그보다도 흡혈귀나 식인종 · 살인마 취급을 당하던 환자들은 어떠했을까. 피눈물을 흘렸으리라.

미당 서정주의 초기 시 「문둥이」를 언젠가 읽은 적이 있다. 전해 오는 이야기를 근거로 쓴 시이다.

> 해와 하늘빛이
> 문둥이는 서러워
>
> 보리밭에 달 뜨면
> 애기 하나 먹고
>
> 꽃처럼 붉은 울음을 밤새 울었다. (「문둥이」 전문)37

어릴 적, 그러니까 1960년대쯤 보리가 푸르게 자라나 누렇게 익을 무렵이면, 어른들로부터 "보리밭에 가면 문둥이가 간 빼 먹으니, 가지 말거라!"는 말을 듣곤 했다. 그래서 혼자 보리밭에 가는 것을 꺼렸다. 문둥이가 '낮'(=해와 하늘빛)을 두려워하고, '보리밭에 달 뜨면 / 애기 하나 먹고' '꽃처럼 붉은 울음을 밤새 우'는 이유는 무엇일까. 죄 없는 아기를 죽인 데 대한 죄책감, 불치의 병에 시달리는 한스러움과 고통, 세상의 질시와 박해를 피해 밤에만 유랑하는 서러움 때문이리라.

만령당 앞에서

만령당 뒤편의 산길을 따라 걸어 내려가게 되었다. 앞으로

합동추도식을 알리는 현수막이 붙어 있는 만령당

돌아와 보니, 2017년 10월 1일 '故 11,009위 합동추도식' 현수막이 걸려 있다. 그 오른편에는 '한록비恨鹿碑'(한 많은 소록도의 넋을 위한 비석)가 있어 읽어 본다.

> 아, 아! 팔순전八旬前 이곳.
> 작은 사슴섬에 자혜慈惠의 나래가 내려 오늘에 이르며,
> 무릇 기하幾何의 한혼恨魂을 달랬음이랴.
> 해지면 날새도 둥지 찾아 든다는데,
> 사람되어 한세상 살고도 고향산천자락, 부모형제 품안에
> 눕질 못하고 구천九泉을 맴도는 넋이 일만一萬이라.
> 한의 눈물을 뿌리며 몸을 병마와 싸우다 찢기고 지친 육신肉身,
> 머리만 고향쪽에 하고 이곳에 설잠드시니, 이름하여 만령당萬靈堂이라.
> 그 넋인들 어이 편히 잠 드실까!
> 하여 이곳, 사슴의 가슴패기에 한恨서린 돌비하나 세우노니.
> 오 가는 사람들아!
> 오늘도 눈비 맞으며 흐느끼는 일만一萬 넋의,
> 명복冥福을 함께 합장코자 함이어이다.

1991년(慈惠 75주년) 5월 17일에

김장룡金長龍의 뜻과 적선積善으로,
이송형李松炯의 글을 받다,
김용진金容珍 쓰고,
이한우李漢雨 새겨,
제23대 원장 손태휴孫泰休가 세우도다.

사망한 환자들의 시체는 검시실에서 해부된 다음, 장례식에 이어 화장을 거친 뒤, 나무상자에 넣어 유족에게 인도된다. 그러나 대부분 인수되지 않아 이를 안치할 납골당을 1937년 신생리 산 중턱에 세운다. 납골당 설치에 드는 경비는 모두 환자들로부터 강제 헌납받았다.38

일만의 넋. 일만의 한. 일만의 역사. 어쩌면 이렇게 초라할까. 적힌 내용 이외에 내가 덧보탤 말은 없다. "구천을 맴도는 넋이 일만이라. 한의 눈물을 / 뿌리며 몸을 병마와 싸우다 찢기고 지친 육신, / 머리만 고향 쪽에 하고 이곳에 설잠드시니 (…)" 이것을 '만령당萬靈堂'이라 했다. 한하운은 친필 유고에서 이렇게 읊었다.

천형 섬에는
납골탑이 확답.

끝내 '나병이 낫는다'는 신화가
우악한 산하에도 불어오는가.

(…)

찬란한 슬픔의 소록도.
아으 50년. (「희噫 50년」 일부)39

이곳 산자락에서 내려다보는 마을은 아늑하다. 그래도 마을이 보이고, 바다가 보이고, 그 건너의 산도 보인다. 만령에게 바치는 선물이 지금 이 고요한 풍광밖에는 없다. 들판에 핀 이름 없는 꽃들은 그냥 대지 위에서 아무 생각 없이 고요히 흔들릴 뿐이다. 문제는 살아 있는 사람들이다. 저 '한 서린 돌비'를 누군가가 '기억'해 주는 일이다. 이렇게라도 찾아와서, 누군가 이들의 삶이 결코 헛되지 않았다고, '돌비'(=돌)를 읽고서, 기려 주고 기억해 주는 일이리라. 그래서 '만령'이 무언 · 침묵으로 말하는 메시지를, 자신의 내면에서 울려오는 소리로 바꿔서 듣고, 산 자들은 이 땅 위에 다시 건강하게 살아가야 한다. 죽은 자들이 산 자들을 불러 모아 살아가게 하는 힘은 침묵과 무언에서 나오는, 저 무언의 쩌렁쩌렁한 목소리이고 흔적들이다. 귀 있는 자 듣고, 눈 있는 자 보리니…….

한록비恨鹿碑

살아남은 자들의 슬픔과 윤리

나가는 길에 감금실과 검시실을 살펴본다. 머리에 떠오르는 어휘. '생체 실험, 한센인 마루타, 한국판 아우슈비츠…….' 언젠가 이 섬도 고령화 때문에 예전 환자들의 수가 차츰 줄어들고, 수많은 아픈 기억마저 망각의 바다로 밀려갈 것인가. 그래서 불안하다. 어쨌든 살아 있는 자들의 윤리는 과거의 이곳을 제대로 기억하는 일에서 시작될 듯하다. 과거의 아픈 역사는, 미래를 향해 의미 있도록 앞서가면서 다시 상상해 볼 일이다.

언젠가, 추억같이 눈이 내리면, 나는 한하운의 다음 시를 읽으며, 다시 생각에 잠길지도 모른다.

> 눈이 오는가.
> 나요양소癩療養所
> 인간 공동묘지에
> 함박눈이 푹푹 나린다.
>
> 추억같이……
> 추억같이…….
>
> (…)
>
> 이렇게 머뭇거리며

눈을 맞고만 싶은 밤이다.
눈이 오는가.
유형지流刑地
나요양소
인생 공동묘지에.

(…)

흰 편지 따라 소식 따라
길 떠나고픈 눈 오는 밤이다. (「신설新雪」 일부)40

중앙공원 쪽을 다시 둘러보고, 이제 소록도를 떠난다.

만령당에서 내려다본 마을과 바다

김류 金瀏(1814~1884)

거문도 '둥긂'의 실학자

동백꽃, 샤넬의 '카멜리아'도 생각나는 거문도의 검푸른 바다. 내 가슴 속에 잡힌 거문도의 하계. 물결에 아른아른 오버랩 되던 근대 서세동점과 식민지의 상처들. 거문도에는 많은 것이 묻혀 있다. 무엇보다도, 여기, 섬에서 태어나서 살던 한 '섬의 유학자'가 있다. 귤은재 김류, 거문도에서 청산도로, 청산도에서 여호도로……. '둥긂[圓]'을 사랑하며 떠돌고, 은거했다. 귤처럼 안경알처럼 '둥글고 정결했다[圓輪淨潔].' 섬은 무덤처럼 은둔과 회생의 토포스다.

1. 귤은재 김류의 '둥귦의 실학'을 만나다

내 가슴에 맺힌, 거문도의 하계夏季

거마도巨磨島 · 거도巨島로도 불렸다 하며, 한때 침입자 영국이 당시 해군성 차관 조지 해밀턴의 이름을 따서 해밀턴 항Port Hamilton이라 했던 해상의 요충지 거문도巨文島. 한자로는 클 거, 글월 문, '큰 · 대단한' '문장 · 문장가'의 '섬'. 도대체 무슨 이유로, 이런 이름이 생겨난 것일까. 살짝 궁금해졌다.

처음 내가 거문도에 들렀던 것은 1990년대 초반 여름이다. 그 이후 참 오랜만에 다시 갈 일이 생겼다. 거문도에서 울릉도 · 독도로 떼배를 타고 다녔던 근대기 이전 사람들에 대한 주민들의 기억을 구술 채록하고 관련 물증을 찾는 필드워크 때문이었다.

20여 년 전, 영국인 묘지나 등대쯤에 서서, 취기에 젖어 게슴츠레 눈을 뜨고 언덕에 서서 쳐다보던 거문도의 검푸른 바다. 내 가슴 속에 잡힌 거문도의 하계夏季. 물결에 아른아른 오버랩되던 근대 서세동점과 식민지의 상처들, 제국의 공간 확장을 향한 망탈리테.

영국군은 1885년 4월 15일 이곳을 점령한 뒤 상하이까지 해저케이블을 설치하여 통신망을 확보했다. 1887년 2월까지 2년 남짓 거문도는 영국의 손아귀에 잡혀 있었다. 그 기간 우리나라에 당구, 테니스가 처음 들어왔다고 한다. 영국군이 떠난 훗날 거문도는 다시 일제가 장악한다. 그들은 1904년에 일본 본토-거문도-중국 대련大連을 잇는 해저케이블을, 1905년에는 '거문도등대'를 설치한다. 통감부가 설치된 1905년 이후 거문도에는 일본인들이 몰려들기 시작했고, 우편통신소(1906) · 일본순사주재소(1909) · 세관출장소(1923)가 속속 들어서서 내륙보다 빠른 문명개화(=식민화)의 물결을 탄다. 이런저런 역사를 반추해 보면 거문도는 그저 단순한 섬이 아니다. 20년이 지난 지금, 그때 내가 보았던 그 등대, 그 묘지는 어떨까. 이런저런 기대를 품고 지난해 2월 거문도로 향했다. 관광객이 없는 틈을 타서 동도로 서도로 사람들을

영국군 묘지 설명문

해저케이블 설명문

만나며 돌아다녔다.

울릉도 · 독도를 간 것이 꼭 동해안만은 아니었다. 거문도 사람들도 생업을 위해 그곳을 찾았다. 남해안 어디서나 바닷길은 사방으로 열려 있다. 먹고살기 위해서 어디를 못 가랴. 지도를 한번 스윽 돌려 보라. 남해를 동해쯤으로 끌어올리면, 일단 지형이 뒤틀리고, 체감體感 풍경이 확 달라진다. 그런 활간活看에서 바다의 상상력이 생겨난다. 꾸부렁, 울퉁불퉁 휘고 뒤틀리는 각도의 여하가 공간의 변화를 만든다.

여수 여객선터미널에서 두 시간 정도면 닿는 거문도. 그사이에 배는 삼산면 소속의 초도草島와 손죽도巽竹島에도 들러 사람들과 교감한다. 거문도에서 직선거리로 친다면, 완도군 청산면의 여서도麗瑞島나 청산도靑山島도, 손죽도만큼 거리다.

영국군이 거문도에서 중국 상해로 연결한 해저케이블 흔적

'섬의 유학자', 귤은재橘隱齋 김류金瀏

문장가가 많아서 '큰 문장의 섬' 거문도에 살았던 조선시대 말기 유학자 귤은재 김류를, 거문도 사람들에게 우연히 들었다. 그의 사상과 문장은 『귤은재유고橘隱齋遺稿』(국역본: 『귤은재집』, 광주일보출판국, 1984)에 잘 담겨 있다.

김류는 거문도의 동도 귤동橘洞(여수시 삼산면 유촌리柚村里) 출신이다. 본관은 경주慶州, 자는 사량士亮, 귤은재橘隱齋는 호이다. 귤은재란 '귤동에 조용히 은거하는 사람'이란 뜻이다. 그는 「귤은재기橘隱齋記」에서, "이곳 남쪽은 귤의 고장(橘鄕)이기에 이전 사람들이 마을 이름을 귤동이라 불렀다. 나는 이 동네 이름을 내 집 이름으로 삼았다. 조용히 백이伯夷의 행동을 사모하는 한편 상산商山의 취미를 배우련다"고 하였다.

김류의 후손 김선희 씨가 김류의 묘소를 안내한 뒤 귀가하고 있다. 그 앞으로 거문도 동도 유촌리 앞바다가 보인다. 60대인 김 씨는 유촌리에 살며 식당을 운영하고 있다.

'백이'는 은나라 말기의 인물로 동생 숙제叔弟와 함께 수양산에 들어가서 고사리를 캐 먹으며 은거하다 굶어 죽었다는 현인이다. 김류는 '백이'를 초목 속에서 찾는다면 귤나무에 비유할 수 있다고 하였다. '상산'은 진시황 때 난리를 피해 섬서성陝西省 상산商山에 숨어서 귤나무 아래서 즐겁게 살았다는 네 늙은이를 말한다. 백이와 상산은 모두 ① '은거'라는 과단성 있는 행동, ② (취미가 고상한 사람들이 정원의 과실수로 심은) 빛깔 곱고 향기로운 귤나무와 관련됐음을 알려 준다.

김류는 "우리 중조中祖(7대조) 호은공湖隱公은 병자호란을 겪은 뒤 세상을 피해 섬으로 들어와[遁世入海] 어렵게 생활하면서 겨우 문호를 세웠다"(「주산선묘시향계서舟山先墓時享契序」)고 말했다. 호은공의 행적은 남은 것이 없다.(「가덕편家德篇」)

기정진의 손자로 어릴 적 김류에게서 배운 적 있는 송사松沙 기우만奇宇萬(1846~1916)이 쓴 김류의 「행장行狀」을 보면 이렇게 기술한다: "그(김류)의 중조中祖가 섬으로 들어온 것은—대개 『논어』「미자微子」에 나오는 '경쇠를 치던 악사 양襄은 (황해의) 섬으로 들어갔다[擊磬襄入於海]'는—난세를 피해 은둔하라는 뜻을 남기신 것이다[中世入海蓋磬襄之遺意]." 이렇게 김류의 가문이 거문도 동도東島에 터를 잡은 것은 난세를 피해 은거한 '호은'부터였고, 이후 김류가 '섬의 유학儒學'을 열었다.

김류는 유년기에 서도西島의 만회晩悔 김양록金陽祿에게, 장흥長興의 남파南坡 이희석李僖錫, 추려秋旅 김대원金大源과 함께 수학하였다. 김류는 유년기의 스승(김양록)을 회상하면서 호 '만회晩悔'를 의미 있게 풀이한다: "선생의 학문은 진실하다 할 것이고, 선생의 행동은 결백하다 할 것이며, 선생의 효도는 성실하다 할 것이다. 그런데도 오히려 자신을 후회한다고 하였다. 이(만회라는 호)에서 선생의 뜻은 허물을 없게 하는 데 뜻을 두었고, 잘못을 보충하는 데 잘하고자 함이 엿보인다. 아! 회悔 자의 뜻이 지극하도다. 후회할 줄 아는 사람은 후회할 일이 적을 것이다."(「만회재기晩悔齋記」)

'도'와 '인人 · 문文'—희망의 부표

김류는 처음에는 벼슬에 뜻을 두었다. 30세 되던 해 과거

영국군 묘지에서 본 거문도 앞 바다

준비를 하기 위해 서울로 가는 도중에 마음을 바꿔서 전라도 장성長城의 노사蘆沙 기정진奇正鎭(1798~1876)을 찾아가 배움을 청한다. 그는 "사람이 이 세상에 학문이 아니면 참된 인간이 될 수 없으며[非學問無以爲人], 문장은 남은 시간에 익힐 일이요, 과거 급제는 운명이 정한일이다"(「행장行狀」)라고 생각하였다. 김류가 기정진을 처음 찾아간 것은 1843년 가을이었으나 만나지 못했고, 1847년 봄 소곡정사小谷精舍에서 비로소 뵙는다.

섬에 살던 김류와 기정진의 만남은 사람이 사람답게 사는 '도道'와 '인간됨 / 다움'(人)과 '문자 / 문명'(文)을 찾는 희망찬 첫 대면이었다. 김류는 다른 곳에서 희망의 '희希' 자를 '학문으로 나아가는 표준[進學之準的]이라 하면서, "희망을 가진 다음에 학문으로 나아갈 수 있으며[希然後能進], 학문으로 나아갈 수 있은 다음에 도덕을 이룰 수 있다[進然後成德]"고 말했다.(「진학설증박사형進學說贈朴士亨」)

김류가 '노사 기정진 선생에게 제자가 되겠다며 예물을 바치면서 보낸 편지'에 보면, 그가 겪고 있던 정신적 방황의 혼란 속에서 문명의 빛을 찾아가는 가슴 벅찬 순간을 만날 수 있다.

> 세상에 말세가 된 지 오래돼 뭇사람들은 각자 자신들의 도를 정도라고 하는가 하면 십자가의 열풍은 온 천하를 자유자재로 거침없이 설교하면서 인간들을 올바르지 못한 길로 인도하고 지름길로 불러내어 드디어 후학들로 하여금 어두운 길을 더듬어 걸어가게 하고 있으니 우리의 올바른 도가 오히려 쇠퇴하여 잡초로 덮인 격이 되었습니다.
> 저 역시 호남의 섬(湖海)에서 길을 잃고, 혹은 산골에서 헤매다가 험악한 곳도 걸어 보았습니다. 아침에는 양주楊朱(위아주의자) 같이 갈림길에 서서 눈물을 흘렸고, 해 저물 때는 완적阮籍(위나라의 시인, 죽림칠현의 중심인물)이 가던 길을 걷다가 눈물을 흘려 댔답니다. 십 년 세월을 서성거리는 동안 공부는 반걸음도 진전되지 못하던 차, 다행히 한 길을 찾아 스승의 집을 바라보았고, 스승의 문하에 불쑥 들어가 전례典禮 강령, 의리義理의

종지, 문장文章의 핵심을 배웠습니다. 그런 뒤 우리 유학이 걸어가는 길이 옳다는 것, 공맹 · 정주 유학의 규정에 등차가 있음을 알았습니다."(「노문집지서蘆門執贄書」)

구도求道의 힘은 방황과 슬픔, 아픔과 눈물에서 나온다. 고통과 불안이 참된 희망의 자산인 셈이다. 너무 괴롭고 불안하여 달마達磨를 찾아 도를 구했던 혜가慧可(487~593). "하늘에 붉은 눈이 내리면 법을 주겠노라"던 달마의 말에, 그는 내리는 눈발 아래서 왼팔을 자른다. 사방으로 튀어 흰 눈밭은 붉게 물들이던 구법求法의 선혈. 그 처절한 광경 정도는 아니더라도, 김류가 기정진을 만났을 때의 심정은 절실했으리라.

기정진에 입문한 뒤 김류는 매년 거문도에서 장성에 있는 스승을 찾아가 학문을 쌓아 간다. 그때 그는, 당시 서너 살 정도였던 기정진의 손자 기우만奇宇萬(1846~1916, 자는 회일會一, 호는 송사松沙)을 안아 주고 업어 주며 글을 가르쳐 주었다고 한다. 두 사람의 나이 차는 32살.

동백꽃, 샤넬의 '카멜리아'가 생각나다

김류가 세상을 떠나자, 기우만은 그의 유고를 정리하여 『귤은재유고』 간행을 주도한다. 기우만은 말한다. "명주와 금귤이 호남의 남단인 거문도의 토산물로서 가장 보물이라고 하는데, 어찌 이것만이 보물이라고 할 것인가. 내 아는 바로는 위대한 한 인물이 태어나 기이하게 맑고 깨끗한 선비가

거문도 풍경

되었으니 이분이 김거사金居士 귤은橘隱이다."(「귤은재유고서橘隱齋遺稿序」)

예전부터 호남의 남단 거문도의 명물을 '명주明珠와 금귤金橘'이라 했다. 여기에 하나 더, 동백을 뺀다면 섭섭하리라. 겨울이면 수월산 아래 거문도 등대로 가는 동백 숲길에서, 잠시 가브리엘 보뇌르 샤넬(1883~1971, 별명 코코 샤넬)이 선택한 립스틱 카멜리아camellia(동백꽃)를 떠올리면 어떨까. 이른 봄 눈 속에서 망울을 터뜨리며, 피어날 적엔 온몸을 붉은 열정으로 사르고, 떨어질 때는 송이째 툭 스러져, 불타던 사랑의 시절과 냉정히 등 돌리는 동백꽃을.1 화려하게 피었다가 싸늘히 떠나는 카멜리아. 그런 짙은 매혹을 잔뜩 움켜쥔 입술로 내뱉던 미사여구가 어쩌면 우리 인생임을, 누구나 한 번쯤 상상해 보는 것은 너무 발칙한 것일까. 섬의 유학자 김류는 거문도 '동백꽃冬栢花'을 이렇게 읊었다.

겨울 텅 빈 나뭇가지, 휑한 섬에 歲闌搖落海山空
묵은 동백나무, 봄 지피고 겨울 견디네 老柏權春以御冬
이곳 봄볕이 이토록 넉넉하다면 箇地韶光猶自足
추위 속 피는 꽃잎 고운 자태 분명하리 寒天生色好爲容
대나무와 닮아 가며 굳은 절개 나누었고 宜令脩竹分淸節
봄의 선봉으론 매화를 앞세웠으니 肯許新梅作先鋒
이 꽃은 조금 있다 열매를 맺을 텐데 也是花姑貪結子
잉태 시 원기는 으뜸으로 받을 걸세 胚胎元氣得其宗2

그런데, 꽃은 희망이 아니라 늘 죽음을 예견한다. 죽음은 그리움 속에 있다. 그리움은 죽음을 찾아가는 연습이고, 살아 있음을 알리는 부표다. 자아와 타자의 합일에서, 결국 그리움은 끝난다. 그런 퇴락과 상실, 죽음과 소멸로 가는 길목에서 서성거리며, 온몸으로 피었다 온몸으로 떨어지는 꽃을, 우리는 뜬금없이 사랑하고 있는 것이다.

김류가 소금을 이야기하면서 "하늘이 진실로 인간을 사랑하기(天實愛人) 때문에 (…) 우리 지역 백성들로 하여금 이 맛을 골고루 먹게 한다. 그러므로 하늘은 인간을 사랑한다."(「염설鹽說」)고 말했다. 피어나고 떨어지는 삶, 그런 모든 결정체가, 바로 하늘의 사랑 아닌가. 알갱이 하나하나가 모두, 짜디짠 눈물의 꽃 아닌가.

김류의 『귤은재유고』

섬, 은둔과 회생의 토포스

김류의 거문도 생활은 그곳이 고향이었기에 자발적이고 운명적이었다. 예컨대, 유배로 해서 진도珍島에서 19년을 살았던 소재穌齋 노수신盧守愼(1515~1590) 같은 케이스와는 달랐다. 한편 난세를 만나 자발적으로 섬에 은둔한 유학자들도 더러 있다. 대표적으로 간재艮齋 전우田愚(1841~1922)가 그랬다. 그는 1908년(순종 2) 나라가 어지러워지자 입해入海, 즉 왕등도旺嶝島 · 군산도群山島 같은 섬을 찾아 들어갔다. 일제의 통감부에 이은 한일합방. 그 국망의 현실에 맞서, 그는 도학道學을 일으켜서 구국과 국권 회복을 꾀하려 든다. 그래서 부안 · 군산 등의 앞바다에 있는 작은 섬과 섬으로 옮겨 다니다 1912년 계화도界火島(현재 간척사업으로 육지화됨)에 정착한다. 이 '계화'를 '중화를 잇는다'라는 뜻으로 계화도繼華島라 새기고, 이곳에서 제자를 기르고 책을 쓰다가 삶을 끝냈다. 이쯤 되면 섬은 은둔과 단절의 공간이 아니라, 기사회생을 위한 재기의 토포스였다. 조선조 최후의 비극적 영웅들에게 은둔은 생존의 철학이자 도학이고 정치였으며, 저항의 내성적內省的 · 현실적 수사修辭였다. 섬은 은둔과 회생의 토포스로, 극단의 두 풍경을 붙들고 있다.

2. '둥긂의 실학'

기정진의 도학道學, 리理 중심 비타협 원리주의

기정진은 19세기 호남 유학의 마지막을 장식하는 유학자의 한 사람이다. 그는 조선 유학의 큰 주제의 하나인, 리理를 중심으로 세계를 바라보는 주리론主理論을 심화시킨 인물이다. 그의 학문은 '리理는 하나인데(一) 만물에 나뉘어져서(分) 각각으로 달라진다(殊)'는 '이일분수理一分殊' 개념으로 집약된다. 그 내용은 리의 확고부동한 절대성을 확보하려는 것이었다. 따라서 기氣의 활동을 축으로 세계를 설명하는 논의(=主氣論), 리와 기의 동시적 활동을 축으로 세계를 설명하는 논의(=理氣互發論)를 부정한다. 리는, 태양이 유일 절대로 빛나듯, 절대 확고한 주재성을 갖는다. 기정진은 말한다. "'리理'의 존귀함은 비교할 수 없다(理尊無對)", "리가 본체이고 작용이다(理體理用)"라고. (「납량사의納凉私議」 참조)

기정진이 내세운 리理라는 명분주의는 격동의 근대기라는 현실에 적극 개입하는 위정척사衛正斥邪 운동을 태동시킨다. 바른 것을 지키자는 '위정'은 성리학과 그 질서의 수호로, 삿된 것을 배척하자는 '척사'는 성리학 이외의 모든 종교 ·

사상의 배척으로 이어진다. 기정진은 화서華西 이항로李恒老(1792~1868), 면암勉菴 최익현崔益鉉(1833~1906)과 더불어 개화에 반대하는 수구적인 태도를 보인다. 앞서 든 전우의 간재학파도 이 계보에 속한다.

이들 위정척사 계열 학자 군상을 떠올릴 때, 비타협 원리주의의 의미를 다시 한번 생각하게 된다. 현실과 타협하지 않는 고집스러움. 깡마른 늙은 꼰대 선비의 얼굴들. 예컨대 이토 히로부미伊藤博文는 고종 앞에서, 최익현 등 당시 의병활동에 앞장선 유학자들이 "공맹孔孟의 가르침을 우러러 존경하고 사서오경이나 섭렵하고 주周나라 시대의 정치적 가르침이나 씹어 대기를 일삼고 세상의 변천에 대응할 활동적인 능력이 없다"고 폄하하였다. "그들은 새롭게

불문佛門에 귀의한 중이 불경을 암송하는 것처럼 기존의 정해진 텍스트만을 암송하는 데에 머물러 초등학생들이 배우는 정도의 지식에 불과한 것"이라고까지 막말을 해 댔다.3 최익현이 죽은 뒤, (대마도 유폐의 기록을 담은 한말의 의병장 임병찬이 쓴) 「대마도일기」를 읽고서 이토는 "포복절도抱腹絕倒하지 않을 수 없었다"고 혹평하고, "한국일류 유생이 이 수준이니 한국 유생이 고집 세고 사리에 어두우며 시세에 뒤떨어지는 것은 당연하다"고 술회했다.

식민통치자 측의 안목은 그렇다 치고, 비타협 원리주의에 대한 우리 역사 속의 평가 또한 반드시 긍정적이지만은 않았다. 그러나 나는 이런 꼰대 기질의 깡마른 선비의 얼굴을 떠

올리며, 다시 이렇게 묻고 싶어진다: 스스로의 원칙과 철학에 철저한 것은 뒤떨어진 것인가. 비현실적인 것일까. 의리를 위해 목숨을 거는 것이 하찮은 것인가. 절조와 지조를 껌처럼 내뱉어 버리고, 이익과 권력에 아부하며 영혼을 헐값에 팔아 버리는 사람들이 판을 칠 때, 현실과 타협하지 않는 비타협 원리주의자들이 정말 그렇게 비난받을 일인가.

김류의 유학, '둥긂[圓]의 실학'

거문도에서 청산도靑山島로, 청산도에서 여호도麗湖島로……. 섬에서 섬으로, 떠돌며 학문을 했던 김류. 기본적으로 그는 스승 기정진의 주리론-위정척사론을 이어받는다.

김류는 스승「노사 선생 영전에 쓴 글」에서, 스승의 학문이 "오직 도학道學으로 근본을 삼았고, 도학이 담긴 서책을 자신의 스승으로 삼았다"고 하였다. 이어서 "노사 선생께서 평소 강론하신 것은 무엇이었던가. 어지러운 세상을 다스리는 것이 군자가 해야 할 일이라는 것이네. 임금이 (이런 이치를) 활용할 줄 몰라서 나라가 치욕을 당했다는 것이네. (스승은) 한 고을의 행정을 조금이나마 해 봄 직했으나, 세속이 자신의 뜻과 다르다 하여 아예 문 걸어 잠그고 바깥으로 나오시지 않으셨네. 오직 일삼으신 것이 '우리의 길은 우리에게 있다[吾道在吾]'는 것이었었네."(「제노사선생문祭蘆沙先生文」) '오도재오吾道在吾!' 김류 또한 섬에 살면서, 섬사람으로의 '자신의 길'을 갔다. 바로 그 자체로 도학의 실천이었다.

그런데 그의 도학은 딱딱하고 엄격한 것이 아니었다. 예컨대 기정진이 주장하던 '이일분수'라는 이론 형식을 따르고는 있으나 그 내용은 취향이 달랐다. 그의 사유에 특이하게도 '둥긂(圓)'의 이미지가 도처에 박혀 있다. 그래서 딱딱하지 않고, 부드럽고 자유롭다. 한마디로 둥글둥글하다. 어쩌면 이것은 내륙적 사유와 섬-바다의 사유 차이라 할까. 바다에서 살아가려면 현실적 · 구체적 · 구상적 · 실제적일 수밖에 없다. 섬에서 섬으로 떠돌며 학문을 했던 그에게 철학은 붙박이 옷장 같은 엄격함이 아니라 바닷물에 떠서 흐르는 공처럼 이리저리 유동하는 탄력적 사고를 하고 있었다. 왕복 순환의 변화성, 원환의 유동성이 살아 있다. 내륙 지역은 게르만풍으로 무겁고 엄숙하고 흐릿하며, 고정적 · 추상적 · 이념적 사유가 두드러진다면, 섬-바다 지역은 라틴풍으로 가볍고-발랄하고 투명하며, 유동적 · 현실적 · 실제적 사유를 보여 준다. 수직적 정태성을 상징하는 산[山] 쪽이 아니라, 수평적 동태성을 상징하는 물水 쪽에 그는 위치해 있었다. 김류가 시 「안경眼鏡」에서, '둥글고 정결하여, 두 눈알을 환하게 한다[圓輪淨潔 照雙明]'고 읊었듯, 그의 사유는 '원륜정결'이라는 말로 딱 들어맞는다.

그는 '태극太極에 대한 설명'에서는 하나의 리인 태극이 만물로 갈라지는 '이일분수' 논의를, 둥긂[圓]이라는 구체적 비유를 들어서 설명한다.

"태극은 본연의 이치인 것이요, 이치는 본래 형체가 없는 것이니, 형체가 없다면 '둥글다 둥글지 않다' 하는 것은 불가능한 논의이다. 그러나 이미 이치[理]라고도 하였고, 이미 궁극[極, 태극]이라고도 한 것은 천도의 이치가 원만하여 조금도 부족한 것이 없기 때문이다. (…) 태극의 이치가 둥글기[圓] 때문에 천지의 형체도 둥글고, 천지의 형체가 둥글기 때문에 만물 이치의 형식이 둥글게 되었다. 하늘에 있는 해와 달과 별들의 형상이 모두 둥글고, 땅에서 자라는 나무와 풀들의 과실과 물고 기와 새의 알 하나하나가 또한 둥글게 생겼다. 이것은 모두 태극에 근본하여 각기 하나의 태극을 가지고 있기 때문이다. 다시 말하면 춘하추동 사시四時의 순환, 오행五行의 번갈아 움직임도 하나의 범위(圈子)가 둥글기 때문이다. 둥근 뒤에 변할 수 있고, 변한 뒤에 사물을 이룬 것이다. (하략)"(「태극도설太極圖說」)

아울러 「알을 품은 닭을 읊은 시(伏鷄行)」에서는, 어미닭이 품은 '알(=계란)'의 비유로 '태극太極—일리一理—이기二氣'를 읽어 간다.

저 닭이 품고 있는 저기 저 달걀이
쪼그마한 옥색으로 도양새가 둥글구나.
그 가운데 그 뭣인가 없는 것이 아니고
태극太極의 참된 이치 이 속에 담겨 있네.

이기二氣가 뒤섞이고 참된 신묘함이 엉겨 있네.
일리一理가 또렷이 융화하여, 생명의 시원이 이뤄지네.
(하략)

김류는 추상적 이치를, 구체적인 사물을 예로 들어, 알기 쉽게 설명해 간다. '대나무에 대한 설명'에서도 그렇다. 손님이 묻기를, "대나무[竹]의 중심이 비어 있는 것은 무엇 때문인가?" 대답하기를, "대나무[竹]는 (주역의) 리괘離卦의 형상과 같다. 음陰 한 획이 내부에 있기 때문에 내부가 비어 있다. 비어 있다는 것은 음효陰爻의 2로, 짝수[偶]이다. (…) 대나무[竹]의 재질이 내부는 비어 있으면서도 외부는 튼튼하고, 내부 색깔은 희면서도 외부는 푸르며, 내부는 부드러우면서도 외부는 강직하다."(「죽설竹說」) 뿐만 아니라 「음양陰陽 승강昇降의 이치를 물음에 대한 설명(問陰陽昇降)」, 그리고 「밀물과 썰물潮汐」이라는 시 등에서도 둥긂[圓], 원환적 사유를 찾을 수 있다. 그래서 김류의 유학을 '둥긂[圓]의 실학'이라 규정해도 좋을 듯하다.

오리 모양의 잠수함 '부선鳧船'을 고안하다

김류는 흥미롭게도 '오리 모양으로 생긴 잠수함 제작법', 즉 부선제鳧船制를 남겼다. 『국역 귤은재문집』에는 원문에 근거하여 아래 그림처럼 친절하게 오리 잠수함의 상상도인 '부선도鳧船圖'를 재현하고 설명문을 달아 두었다. 그림으로 보아서는 이순신의 거북선과 유사하기도 하다.

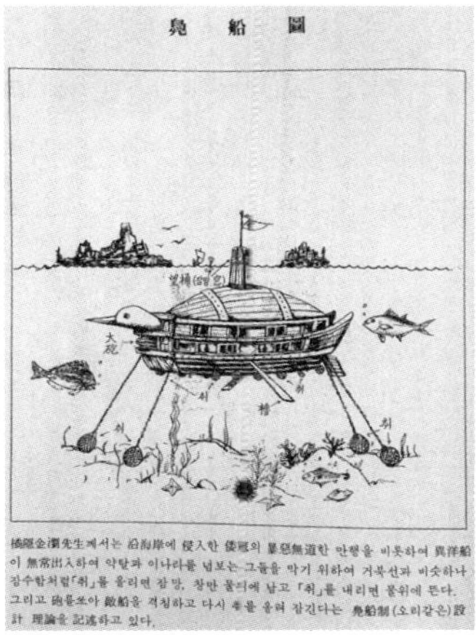

부선도

김류는 배가 오래되면 문짝 틈으로 물이 스며들 수 있기 때문에 '동판으로 해야 할 것'이라는 유의점도 적어 두었다. (「부선제鳧船制」)

김류의 『해상기문海上奇聞』: 러시아의 첫 외교문서

김류는 푸차틴 제독이 이끄는 러시아 함대의 기항寄港 사건을 직접 목격하였고, 사건들을 기록한 『해상기문』을 남겼다. 이것은 당시 상황을 알 수 있는 중요한 역사적 문장이다. 다행히 『국역 해상기문: 러시아의 첫 외교문서(1854)』(세종대학교출판부, 1988)가 이미 출간되어 있다.

김류가 28세 되던 해인 1842년, 영국 함대 베르체 제독이 와서 거문도를 탐사하고 포트 해밀턴(=해밀턴 항)이라 명명하고, 세계에 해도海圖를 선포하였다. 당시 러시아는 영토 확장의 야심으로 시베리아 점령, 흑룡강 진출, 우스리강 진출, 남극지방 진출 등 분주히 진출하며 기세등등해 있었다. 푸차틴 제독은 러시아 황제로부터 4척의 군함으로 극동에서 일본을 중심으로 여러 나라와 개항 및 국교 확장이라는 전권을 위임받아 크론시타트 군항을 출발하여, 마닐라를 거쳐 1854년 4월 거문도에 도착했다. 그때 김류는 만회晩悔 김양록金陽錄과 러시아의 함선에 올라, 당시 중국에서 활동하는 야소회耶蘇會 아바큼 신부의 통역으로, 필담을 나누고 『해상기문』을 남겼다. 당시 푸차틴 제독은 김류 등에게 정중하게 러시아 황제가 조선 정부와 국교를 맺고, 통상을 하자는 내용의 국서를 건네며 조선 정부에 전달해 줄 것을 요청했다. 이 러시아 외교문서는 한 · 러 간 첫 문서였다. 이렇게 막중한 문서가 일개 변방의 선비 김류에게 건네진 것은 아마도 그의 풍모나 인격에서 풍기는 신뢰감에서 나온 확신이 아니었을까 추정된다. 하지만 당시 조선은 철저한 쇄국정책을 견지하고 있었던 까닭에 이 문서는 전달될 수는 없었고, 단지 『귤은재유고』 속에 남아 전해올 뿐이다. 조선의 조정은 폐쇄적이었던 데 비해 거문도의 김류 일행은 이미 개방적인 안목에서 당시 역사의 물결을 현실적으로 읽고 있었다고 추정된다.4

주변부에서 국제적 '섬의 유학'으로

기우만은 김류가 세상을 떠나자 평생 그가 살아온 일을 적은 「행장行狀」을 짓는다. 그 가운데서 이렇게 말한다.

> 고향으로 돌아간 뒤, 해마다 한 차례씩 노사 선생을 찾아왔다. 간혹 두 차례씩 찾아올 때는 8월 중순경이었고, 40년을 똑같이 하였다. 문답한 어구를 몸소 순서대로 편찬하여 책을 만들어 섬(=거문도 등)의 제자 및 친구들로 하여금 경서[經]·자서[子]처럼 익히게 하여, 남쪽의 선비들이 친히 노사 선생의 깨우침을 받는 것같이 하였다. 그래서 스승(=노사)의 도학이 해외까지 널리 알려진 것은 공(=김류)의 노력이었다. 지금까지도

거문도 서도 삼산면사무소 앞 풍경

섬 지역의 선비들로 하여금 노사 선생의 글을 읽도록 하고, 노사 선생의 말씀을 듣도록 한 것이니 공을, (진한 교체기의 경학자로, 구술로경전을 전했다는 인물인) 복생伏生 같다 아니할 수 없다. 일찍이 교유하던 동문 또는 선배들은 공을, (남쪽 야만국 초나라 사람으로서 북쪽 문명국 주나라의 주공 · 공자에 감화되어 간) 진량陳良 같다 아니할 수 없다."

이것은 노사의 학문이 김류를 가교로 거문도 등의 섬사람들에게 전해진 공로가 큼을 지적한 말이다.

이어서 기우만은 말한다. "이때부터 명성이 외국까지 알려졌다. 이따금 외국인들이 바다를 건너 거문도에 도착하면, 반드시 김 선생께 문안한다 하여 문 앞에서 몸을 굽혔다. 이때 공의 학생들은(외국인들에게 예를 갖추기 위해) 바닷가에 도열하였다. 나도 볼 기회가 많았다. 모두가 행동이 질서 있고 삼감이 있어, 그 선생과 그 제자됨을 알 수가 있었다."

이렇게 김류는 유학의 중심에서가 아니라 거문도라는 주변부에서, 메이저 리그는커녕 마이너 리그 축에도 못 끼는 아웃사이더로서, 고향 거문도와 청산도 등지에서 떠돌며 제자를 기르던 야인으로서, 어엿한 국제적인 '섬의 유학'을 열어갔다. 그래서 곽영보는 지적한다. "외국인들은 김류와 그 제자들의 예절과 학문의 해박함에 감탄하여 종래 불러왔던 거마도巨磨島라는 이름의 마磨 자를 문文 자로바꾸어 거문도라 부르게 되었다 한다. 주변부의 보잘것없는 한 선비가 유학을 연구하여 지명마저 바꿔 놓은 것은 김류의 놀라운 업적이라 하겠다. 그러나 당시는 물론이고, 현재 우리나라의 유학사 속의 평가는 차치하고서 호남의 유학자 부류에서조차 잘 알려져 있지 못하다. 그저『한국인명대사전』에 몇 줄 기록돼 있을 정도이다."5

그러나 슬퍼할 일도 놀라워할 일도 아니다. 항상 역사는 그랬다. 누군가 기억해 주고 다시 발견하는 사람이 있으면 된다. '눈 있는 자 보고, 귀 있는 자 들어라!'는 오래된 말은 지성사의 희망을 말해 주는 대목이다.

거문도에서, "글자랑 하들 말어!"

김류는 고향 거문도를 거점으로 장흥 · 완도 · 청산 등지를 돌며 후학을 길렀다. 그 결과 이 지역의 유학이 지속되었다. 마치 그리스문명이 에게해Aegean Sea에서 펼쳐지듯, 조선의 유학이 남도의 섬에서 펼쳐지고 있었다. 그것은 조선 유학의 퇴락이 아니라 새로운 전망이었고, 색다른 개척이었다.

김류 같은 섬의 유학자들 덕에 거문도에서 "글자랑 하들 말어!"라는 말이 생겨났다. 클 거, 글월 문, '큰 · 대단한' '문장 · 문장가'의 '섬' 거문도라는 지명도 이런 배경 아래 정착해 온 것이다. 그 중심에 김류가 있었다. 그들은 일종의 조선 유학의 사명을 떠안은 탈레반들이었다. 나는 공부가 얕은 터라, 이러한 김류의 유학이 있었다는 데 사실 조금 놀랐다. 아, 이 섬에 이런 유학 · 유학자가 있었다니!

귤은당橘隱堂

김류의 사당은 거문도 동도의 거문초등학교 동도분교장 뒤쪽에 있다. 그곳은 내륙에서 느낄 수 없는 색다른 향취를 접할 수 있다. 이곳, 김류의 고향 유촌리에서, 아~ 나는 김류가 어린아이들을 앉혀 놓고 글 읽히던 소리를, 또렷이 듣고 있다.

말년에야 마을 아이들 습자 스승(習字師) 되었으니
등잔 아래 누워서 글 읽는 소리 듣노라.
어느덧 백발, 나 자신을 잊고 있었는데
소년 시절 아님을 이제사 알았네. (「청소아독자聽小兒讀字」)

3. 김류, 청산도를 사랑하다

표류 끝에 여서도로, 청산도로

김류는 청산도에서 71세로 삶을 마감하였다. 이후 청산도의 40여 제자들이 그의 학덕을 기리게 된다. 현재 청산도 청산면 부흥리復興里의 숭모사崇慕祠에서는 매년 음력 3월 3일 김류의 제사를 지내고 있다. 부흥리 입구 마을 소개 글에는, (김류로) 인하여 "청산 가면 글 자랑 말라"는 말이 이 고장 문

청산도 범바위 풍경

명 수준을 동경하는 말로 유래되어 청산 사람들은 비록 누더기 옷을 걸치고 있다 하더라도 문예가 대단하여 속담에 장군[排泄物收紬桶]을 지고 다녀도 한시 한 수는 능히 지었다고 전해온다"고 적혀 있다.

김류는 사후 청산도에서 고향 거문도로 옮겨가서 묻힌다. 그의 묘소는 현재 거문도 유촌리 귤은당 뒷산 너머에 있다. 최근 방문해 보니 벌초할 사람이 없어 묘소엔 풀만 무성하다. 한눈에 봐도 이곳이 김류의 묘라고는 믿을 수 없었고 김류의 후손 김선희 씨의 안내로 겨우 찾았다. 과거 문장가로, 학자로 일대를 호령했던 김류는 이렇게 묻혀 있다.

거문도 등대 앞바다

청산도, 표류자들의 기억

청산도는 표류자들의 기록에도 나온다. 예컨대 제주도에서 태어난 장한철張漢喆(1744~?)의 경우이다. 그는 1770년(영조 46) 12월 과거 시험을 보기 위해 서울로 가다가 풍랑으로 류큐제도琉球諸島에 표착한다. 이듬해 1월 일본행 안남安南의 상선을 만나 흑산도 앞바다에 이르렀지만, 다시 풍랑으로 청산도靑山島에 표착하였다. 나중에 이 일련의 경험담을 적은 『표해록漂海錄』에서, 그 당시 그가 청산도에서 본 관리들의 횡포를 묘사하고 있다. 즉 장한철이 본 청산도는 낙원이 아니었다. 관청의 하급 관리가 마을의 책임자를 몽둥이로 때리고, 음식과 돈 심지어는 과부의 농우農牛를 빼앗는 장면을 목도한다.6 김류가 청산도를 기록한 「소도원기小桃源記」에서 "관청衙門을 설치하여 치안을 전담하게 한 것이 선향仙鄕의 흠되는 일[(欠典)……"이라고 말한 대목과도 합치된다. 정치는 늘 자연과 인간을 선하게 관리-보호한다지만, 결국 악하게 규율-지배하려 달려든다. '약 주고(藥-利) 병 주는(毒-害)' 얄궂은 이중성이 본질이다.

'꿈 같은 이 세상' 청산도

김류는 청산도에서 여서도로, 그리고 거문도로 다니며 글을 가르쳤다. 그는 고향 거문도보다 정을 붙인 청산도에 더 오래 머물렀다. 섬의 유학은 현재 거문도 귤은당 옆에 있었던 귤은서당을 통해서, 청산도의 서당에서 그렇게 무르익어

갔다.

『귤은재유고』의 시편들을 가만히 읽어 보면 안다. 출렁이는 파도 위 뱃전에서 그가 한 장 한 장 넘겼을 흉금 속의 서적들. 그 문자 사이사이에 배여 있는 짭짤한 소금기. 어른어른 휙 지나가는 곰삭은 사유의 남쪽 풍경. 끊임없이 출렁이는 바다의 가락. 거문도나 청산도의 바닷가에서, 바다 위에서, 섬에서, 그는 뭍에 사는 사람들이 느끼지 못하는 그만의 감각으로 조선의 유학을 새롭게 미분하였다. 아니 그의 몸에 맞는 개념세계 속으로 끌어들여와 재구축했다. 섬의 학생들의 눈높이에 맞춰서 전달하기 위해 유교 지식을 번안해 갔다. 나는 여수에서 거문도로 가는 배 위에서, 비 내리는 바다 한 가운데서, 이런 텍스트 밖의 텍스트를 상상하게 되었다.

김류는 거문도의 동도 귤은서당(현재 귤은사당의 오른쪽. 허물어져 흔적밖에 없다)에서, 홀로 맑고 잔잔한 바닷가에 앉아 시를 읊었다. 어쨌든 거문도는 그의 고향이라, 청산도가 아무리 좋다 한들 그가 태어나고 자란 고향이 더 좋았으리라.

그는 청산도에 조금도 마음 흔들림 없이 숨어서 살고 있었다. 좁은 섬의 공간을 좁게 여기지 않고 또한 부끄럽지 않게 생각했다. 한평생 섬 위를 지나가는 달을 쳐다보며, 이 섬에서 한가로이 지냈다는 심정을 잘 드러낸다. '섬옹蟾翁'은 『두껍전』 등에 나오는 두꺼비를 의인화한 것이다. 그는 메이저리그에는 큰 관심이 없었다. 오직 고요한 변방 청산도의 아웃사이더로 있으면서, 크게 만족해했다.

귤은사당 전경

그러나 김류의 대은大隱은 청산도라는 소굴小窟에 대비된다. 일단 대은은 거문도에서 은거, 다시 청산도에 와서 은거를 하고 있으니, 러시아 전통 인형 마트료시카가 인형 속에 인형을 담고 있듯, '은거 속에 다시 은거'를 품고 있는 격이다. 그런데 청산도(=소굴)는, 달을 찾아보려는 꿈이 있는 것처럼, '갇혀 있으면서 열려 있는' 공간이다. 융이 바다를 '죽음과 재생'으로 보았듯이, 섬 또한 현실적 '한계-제한'인 동시에 '개방-희망'의 땅으로 재탄생한다.

4. 김류의 유토피아, '소도원小桃源=청산도'

백성들이 안락한 곳(民之安樂)!

김류가 은거하는 청산도, 그것은 한마디로 '작은 도원경(小桃源)' 즉 '작은 유토피아small utopia'였다. 그는 「작은 도원이라는 설명(小桃源說)」의 글에서 말한다. 우선 그가 알고 있는 도원은 귀로만 들었던 '카더라!' 통신사의 '귀(=풍문) 도원'이지, 자기 눈으로 직접 확인한 '눈(=실재) 도원'이 아니란다.

청산도 풍경

김류가 말하는 소도원은 한마디로 작은 유토피아다. 『장자』에 나오는 이상향 '무하유지향無何有之鄕'이 〈어디에도(何) 있지(有) 않은(無) 곳(鄕)〉이란 뜻이듯이, 유토피아utopia는 〈"없는(ou-)' 그러나 '좋은(eu-)' '장소(toppos)'〉이다.

이상향이기에 현실적으로 아구 데도 존재하지 않는 별천지여야 한다. 그럴수록 우리는 더 절절하게 그런 '이상의 나라=이상향'을 찾아 나서기 마련이다. 김류는 이런 천당 · 극락 같은 곳은 '백성들이 안락하게 살 수 있는 곳'이라 본다.

도원桃源은 무릉도원武陵桃源을 말한다. 도원桃源 · 도화원桃花源 · 도원향桃源鄕 · 선원仙源 · 선경仙境 등으로도 불린다. 중국 호남성湖南省 도원현桃源縣의 남서쪽에 있는 지명으로, 동진東晋의 도연명陶淵明이 쓴 「도화원기桃花源記」의 배경이 된 곳이다. 「도화원기」의 내용은, 동진東晋의 태원太元 연간에 무릉武陵에 사는 한 어부가 배를 타고 가다가 복숭아나무 숲속에서 길을 잃고서 배에서 내려 산속의 동굴을 따라 나아가다가 마침내 이르렀다는, 별천지에 대한 이야기이다. 그곳에는 진秦나라 말기의 전란을 피해 살던 사람들의 후손이 세상이 어떻게 돌아가는지 모르고 평화롭게 살아오고 있었다 한다. 혼란한 세상을 피해 찾아들었다는 낙원. 그러나 다시는 그곳을 찾을 수 없었다는 그곳. 사실 낙원은 그래야 제격이다. 기본적으로 김류의 소도원 이야기도 이런 고전적 맥락에다 당시 조선의 상황을 가미하여, 판소리의 더늠처럼, 스토리텔링 된 것이다.

잠시, 「몽도원도夢桃園圖」를 회상하다

세종의 셋째 아들인 안평대군安平大君이 무릉도원을 찾는 꿈을 꾸고, 그 내용을 안견安堅에게 설명한 뒤 그리게 했다. 안평이 꿈에 거닐던 도원 속, 아련한 풍경 묘사에는 사람의 자취가 없다. 모든 소리는 가물가물 멀어지고, 눈꺼풀 속에 갇힌 눈알의 검푸른 고요. 간간이 스치는 황금빛 자락들, 붉은 복숭아 꽃잎 넘실대는 평온의 「몽도원도夢桃園圖」를 그려 본다. 죽림과 기와집. 집에는 사립문이 반쯤 배시시 열려 있었고, 앞개울에는 작은 배 한 척이 물살에 흔들흔들. 집은 인기척 뚝 끊겨 쓸쓸한 '고절孤絶'의 터일까.

김류가 생각한 청산도도 그랬을까. 그가 그곳에서 새 부인을 만났고, 푸른 바다 한가운데 떠 있는, 뭍으로부터 아득한 그곳은, 아마도 그랬으리라. 누구나 사랑하는 사람, 사랑하는 그 무엇이 있는 곳으로 눈길이 향하는 법. 그것이 바로, 천홍만자千紅萬紫의 '복숭아꽃잎'이기 때문이다. 왕가위 감독의 영화 「동사서독東邪西毒」(1994)은 이 점을 잘 보여 준다. 복사꽃 피는 시절이면 사랑했던 여인이 있는 백타산 쪽으로, 그저 눈길이 향하는 그런 마음을. 마음은 늘 콩밭에 가 있음을.

현실이 피폐할수록 그리운 '세상의 저쪽(이상향)'

현실이 괴로울수록 세상의 저쪽(이상향), 평화롭고 살기 좋은 곳을 쳐다본다. 이 점을 김류도 간취하고 있었다. 피폐한 삶 속에서, 무릉도원의 스토리텔링이 작동된다. 이야기하는 인간 '호모 나랜스homo narrans'의 본질 아닌가.

요즘 세상의 학정에 시달린 사람들이 모두 살기 좋은 곳을 원하는 말이 "도원에서 살고 싶다"고들 한다. 이 말은 세속에서 밥 먹고 차 마시듯 내뱉는 말이다. 꼭히 알지는 못하지만 인간이 살고 있는 어느 곳에 다시 이와 같은 도원이 있을까.

요즘 청산도는 바다 가운데 떠 있는 듯한 하나의 조그마한 별 세계(別界)이다. 조선시대 초기에는 백성들의 호적이 강진康津에 속하였고, 중기에는 다시 (강진의) 계동桂洞에 속하였으며, 궁중에서 관할영역[茅土]으로 내린 적이 있다. 또다시 지금의 임금께서는 즉위하신 지 3년째인 병인丙寅(1866년)에 비로소 절제사節制使 관청을 설치하여 치안을 전담케 하였다.

청산면 부흥리 숭모사

이것이 비록 선향仙鄕의 흠되는 일[欠典]이었기는 하나, 도리어 흠되는 일로 느껴지지는 않는다. 절제사를 두기 이전에는 궁중에서 적극 협력하여 생활을 돌보았기 때문에 백성들이 괴로움을 받지 아니하였고, 최근에는 누차 현명한 관리(賢侯)를 임명하였다. 그러므로 그의 덕망에 감복되어 그 지역 30리 내에 살고 있는 1,100호가 각자의 거처를 평안히 하고 있다. 각자의 복을 누리며 기뻐하고 화락하여, 모두가 발을 덩실대며 춤추고 안락하게 살고 있다. 그래서 이곳을 도원이라 이를 것이라.

김류가 정확하게 짚은 것은, 무릉도원이 다름 아닌 '백성들이 안락한 곳'이라는 점이다. 이상향은 저쪽에 있는 것이 아니라 '안락하다면' 바로 '이곳 속에 있는 것'이라고는 사실이다. 청산도도 역사적으로 보면, 흠결은 있었지만 기본적으로 안락한 삶이 있는 무릉도원이라고, 그는 그렇게 생각하고 싶어 했다. 뭍의 정치 상황이 복잡할수록 사람들은 저쪽의 섬나라 청산도를 가리켜서, 천홍만자千紅萬紫의 복숭아 꽃잎 흐드러지게 피는 '소도원'이라 해 댄단다. 이런 생각과 말은 김류가 청산도에 바치는 찬사이자 그 당시 그의 삶의 만족도를 가늠해 볼 만한 대목이다.

사실 나도 무릉도원을 믿는다. 그것은 '현실 속 어딘가'에 있다. 월급쟁이로 살아오면서 내 마음속에서 오랫동안 되뇌어 왔던, '에라, 다 집어치우고, 어서 이곳을 떠나야지!'라는 마음, 그것은 내가 생각하는 '좋은 저쪽'을 현실화하고 있었다는 말 아닌가. 내 마음 속에, 그런 세계를 갖고 살아가니, 그것은 분명 나에게 있는 현실 세계였던 셈이다.

청산도의 범바위에 올라, 전당대 건물 밑에서 파는 막걸리 한 사발 사서 마시고, 바다를 굽어보라. 거기가 바로 선경이다. 유유히 떠다니는 배. 햇살에 비늘지며 아롱지는 잔물결. 다른 곳이 아니라 바로 그 순간의 풍경 속에, 내가 살아서 걸어 다니고, 울고 웃으며 활동하고 있는 것이다. 나의 생각과 언어는 나라는 존재가 보내는 천사이거나 그런 소식이다. 눈물과 웃음, 바로 그것은 나라는 한 그루의 복숭아에서 핀 꽃잎이 천홍만자로 휘날리며 스스로의 존재 위치를 알려 대는 우주적 신호인 것이다. 나는 어디 있는가. 나는 그런 파동으로서 존재해 있다.

5. 타박타박 청산도 초분草墳을 찾아가는 길

'어떻게 죽을 것인가?'라는 화두

거문도에서 만난 김류라는 인물. 그를 좇아 빙빙 둘러, 여기까지 왔다. 하지만, 정작 내가 청산도를 찾고 싶었던 것은 초분(=풀무덤)을 보고 싶기 때문이었다. 흙으로 돌아가는 인간의 허망함과 자연스러움. 그것을 성찰하는 나 자신의 명확한 관점을 되짚어 보려는 것 때문이었다. 그래서 나는 '죽어 나가떨어지는=나자빠지는' 것이 아니라, '제대로 스스로(=주체적으로) 죽어 가고 싶은' 것이었다. 죽음을 가로질러, 그 위에서 바라보고 싶었던 것이다.

종말을 위한 준비

슬슬 은퇴를 생각하며, 고향에 들르는 시간이 많아졌다. 미리미리 내가 태어난 곳으로 떠날 준비를 하는 것이다. 고향은 근원이다. 고향가기=귀향歸鄕은 근원으로 돌아가는 일이다. 하이데거가 '시인이란 존재의 근원으로 끝없이 귀향하는 자'라고 했듯이, 귀향하는 자의 마음은, 근원의 언어인 시를 만나는 일이기도 하다.

거문도 동도의 한 마을에 묶여 있는 부표 뒤 담벼락에 귤정추월(橘亭秋月, 귤정에 비치는 가을 달빛)이라는 글귀가 쓰여 있다.

존재의 부름, 존재의 숨결에 닿으며, 익숙한 것들과 결별하는 연습, 친했던 것들과 손을 흔들고 냉담하게 돌아서는 훈련을 미리미리 해 보는 것이다. 슬프다거나 쓸쓸하다든가 하는 등등의 모든 감정을 청산하고, 조용히 냉담히 떠나는 다짐과 용기이리라. 허물어지고 사라지는 것들, 퇴락하고 소멸해 가는 것들을 거부하지 않고 그것들과 함께 가며, 오히려 그것들보다 더 앞서가서, 더 위쪽에서 바라보는 연습이다. 그러려면 무엇보다도 흘러가는 사태를 읽고, 분명히 바라보며, 그것을 넘어서 있어야 한다. 그럴 때 그것보다 더 위에 서게 되어 한결 초연'해지고 평온해지리라. 망각과 종말을 일찍부터 준비하는 것이다.

'묻힐 땅'에 대한 사색

잘 알려진 톨스토이의 단편소설 『사람에게 얼마나 많은 땅이 필요한가』는 인간의 욕심이 얼마나 허무한가를 잘 묘사하고 있다. 아울러 우리가 무엇을 위해 살며, 어떻게 죽을 것인가를 가르쳐 준다.

소작인 파홈이라는 사람은 땅값 1,000루블을 내고 아침 해 뜨기 전에 출발하여 다섯 군데를 표시하고 해지기 전까지 돌아오면, 그 다섯 군데를 연결한 안쪽의 땅을 모두 준다는 마을을 찾아간다. 아침 일찍 출발한 파홈은 사방에 펼쳐진 비옥한 땅을 보고 욕심을 부린 나머지 너무 멀리까지 가게 된다. 아뿔싸! 해지기 전까지 출발점으로 돌아와야 한다는 원칙 때문에 그는 죽을힘을 다해 뛰었다. 그덕에 그는 해가 떨어지기 전 겨우 출발 지점에 도착했다. 하지만 기진맥진한 나머지 안타깝게 피를 토하고 숨을 거두고 만다. 결국 죽음의 대가로 파홈은 많은 땅을 소유하게 되나 그게 무슨 소용인가.

세상을 떠난 그에게 정작 필요했던 것은 자신의 관을 묻을 조그만 땅이었다. "조그마한 뱁새 한 마리가 깊은 숲에서 둥지를 틀 때도 나뭇가지 하나면 족하다. 두더지가 황하의 물을 마실 때에도 자신의 작은 배 하나 채우는 것이면 족하다[鷦巢於深林 不過一枝 偃鼠飮河不過滿腹]." 『장자莊子』 「소요유逍遙遊」에 나오는 말이다. 파홈이 묻힌 몇 평의 땅, 그의 고향은 바로 그 무덤이었다. 더 이상은 필요 없었다. '지금-여기'라는 '있음'을 계속 점, 점, 점으로 찍어 가다 보면 닿는, 저 진정한 고향. 무덤. 노신의 말대로, 무덤이야말로 '진정한 스승'이다.

해변의 묘지에서, '내 속에서 타자를 만나다'

죽음은 삶과 연결된 것이다. 삶의 완성이거나 또 다른 곳으로의 여행이다. 장자가 말하는 '물화物化' 같은, A에서 B로, C로, D로, E로……, 끝없이 이어지는 존재의 여행이리라.

올해 다시 거문도의 영국인 묘지를 찾았다. 20여 년 전에도, 지난해에 들렀을 때에도 이방인들의 죽음이 조금 낯설게 느껴졌다. 그런데 이번에 이런 생각을 해 보았다. 죽은 자에게 이방異邦 · 이국異國이란 것이 무슨 특별한 의미가 있을까.

청산도 해변

고향에 묻힌다고 죽은 자가 과연 편안해할까. 그런 해석과 판단은 누가 하는 것일까. 잘모르겠다. 어느덧 날은 저물고, 나는 산길을 걸어 내려온다.

해변의 묘지. 유채꽃이 피기 시작한 길을 따라 쭈욱 내려가면, 바다에 닿으리라. 타자의 죽음을 통해서 나는 어떻게 죽어 묻힐 것인가를 생각해 본다. 유채꽃이 핀 바닷가의 풍광을 뜬금없이 가슴에 품어 보면서, 봄 쑥이 자라는 포슬포슬한 흙길을 밟아 보면서, 나는 내 삶이 이미 그곳에 가만히 접촉하고 있음을 느낀다. 타자들의 죽음이 내 삶 속에서 닿고, 내 몸에 그들이 잠든 흙과 섞이며 내 정신 속으로 왕래하는 소리를, 나는 듣고 있다.

내 속에서 맴돌다 고요히 다시 어두워져 가는 '처처안락국處處安樂國!' 그 침묵의, 쩌렁쩌렁한 소리를. 나는 해변의 묘지 내리막길에서 듣는다. 이렇게 묻혀서 모든 것은 또 조용히 어두워져 가리라. 뚜벅뚜벅 내 속에서 땅으로, 바다로, 꽃 속으로, 걸어 나가는 '또 다른 나'='타자'의 발자국 소리가 해변을 따라 어둑히 묻히고 있다. 거문도 등대에서 바라보던 파도 치던 흐린 날의 바다, 천년을 홀로 철썩이는 그 물결. 동백 숲길을 따라 터벅터벅 오르락내리락 밟아 댔던 동백꽃 붉은 꽃송이, 홀로 뚝-뚝 떨어진 열망과 정열. 이렇게 내 삶은 또 한 수를 얻으며, '오늘도 걷는다마는!' 다시 마음은 청산도의 초분으로 이어지고 있다.

초도에서 들은 초분(=풀무덤) 이야기

여수의 초도에 들렀을 때였다. 마침 민박집 주인과 섬의 풍습에 대해 이야기를 나누던 중 "예전 이곳에도 초분이 있었으나 현재는 사라지고 없다"는 말을 들었다. 그는 승용차로 나를 선착장까지 태워 주면서 기억을 더듬어 대동항 매표소 뒤편 산중턱을 가리켰다. "초분 자리가 저쯤 될 겁니다." 초도에서 여수로 나가는 배를 기다리는 사이, 나는 대동항의 마을 돌담길을 기웃대며 이미 사라지고 없는 초분 생각에 젖어 골목을 쏘다녔다.

"왜 그렇게 무덤이 궁금하냐?"고. "지금부터 딱 100년만 지나면 지금 대한민국과 지구에 살아 있는 사람들은 다 죽어, 모두 저 무덤으로 가 있을 터인데. 수도 없이 생겨나는 그 무덤이 뭐 그리도 궁금하냐?"고. 누군가 이렇게 다그칠 것 같다. 그래도 나는 초분이 궁금했다.

슬로시티 1호 청산도

드디어 청산도로, '느림의 섬'으로

지난해 11월, 깊어 가는 가을바람 따라, 드디어 청산도로 떠났다. 철 지난 섬의 풍경은 어떨까.

전라남도 장흥군의 정남진正南津. 서울의 정남쪽에 있다는 그 나루터에 잠시 들렀다가, 전라남도 완도군 신지면薪智面 신리薪里 명사십리鳴沙十里해수욕장으로 간다. 원 없이 밟아보는 고운 모래를 껴안은 바다.

나의 상상은 여기서 잠시 길을 잃는다. 가야 할 방향을 잃어버리고 방황한다. 그러나 방황이라는 것이 가끔 내 정신의 훌륭한 방법임을 나는 안다. 옆길로 자꾸 새면서, 허허로운 해변에 쓸쓸한 맨발이 걸어간다. 애비 없는 추억들이, 집 잃은 게딱지 햇살들이, 신발을 벗어들고 허물어진 개미둔덕을 넘어, 어리석은 고로, 진실에서만 철썩이는 파도들이, 낡고 매끄러운 조개껍데기들이 지상의 가장 아름다운 이야기를 벗어 놓고, 노을 속으로 맨발로 걸어 들어간다. 다시 정신을 차리고, 나는 무정하게 길을 떠난다. 하마터면 참 깜깜해졌을 해변을, 먼바다로 밀려가는 파도들을, 노을에다 애써 다 맡겨 두고 간다.

완도에서 일박. 다음 날 아침 청산도행 배를 타고, 마냥 가닿고 싶었던 그 섬에, 첫발을 디딘다. 청산도항은, '느림의 섬, 청산도', '슬로시티 청산'이라는 글귀를 내 눈동자 깊이 심어 놓는다. 맞다, 조금 '느릿느릿, 느리게' 살았어야 했는데, 그게 그렇게도 어려웠다. '더 빨리, 더 멀리, 더 높이'를 버리고, 제발 '더 느리게, 더 가깝게, 더 낮게' 살아왔어야 했는데. 살아온 날들이 그저 죄스럽다.

청산도 초분의 솔잎, '조弔'자의 흔적

제일 먼저 선착장에서 얼마 멀지 않은 산중턱, 당리로 향한다. 청산도 바다가 한눈에 든다. 영화「서편제」에 등장하는 느릿느릿 꾸부렁한 길이, 드문드문 핀 흰 가을꽃의 별판을 데리고 스윽 존재감을 드러낸다. 사시사철 곡조가 저 길이고 산이고 들판이고……. 그래 자연이 모두 명창 아닌가.「서편제」속의 '사철가四節歌'를 놓칠 순 없다.

청산도의 초분

이산 저산 꽃이 피니 분명코 봄이로구나.
봄은 찾어왔건마는 세상사 쓸쓸허드라.
나도 어제 청춘일러니 오늘 백발 한심허구나.
내 청춘도 날 버리고 속절없이 가버렸으니
왔다 갈 줄 아는 봄을 반겨 헌들 쓸데 있나.
(…)
가을이 가고 겨울이 돌아오면
낙목한천 찬바람에 백설만 펄펄 휘날리어
은세계가 되고 보면 월백 설백 천지백허니
모두가 백발의 벗이로구나.
무정세월은 덧없이 흘러가고
이내 청춘도 아차 한 번 늙으면 다시 청춘은 어려워라.
어화 세상 벗님네야
인생이 모두가 백 년을 산다고 해도
병든 날과 잠든 날 걱정근심 다 제허면
단 사십도 못 살 인생,
아차 한 번 죽어지면 북망산천의 흙이로구나.

"봄은 찾어왔건마는 세상사 쓸쓸허드라~~ 아차 한 번 죽어지면 북망산천의 흙이로구나." 참 눈물겨운 구절이다.

당리에 와서, 발아래 굽어보니 밭 가운데 자그만 초가집 형태의 무언가가 있다. 그게 초분 모형이었다. 현재 청산도에는 근대화 때문에 초분의 장례 풍습이 사라졌다. 그 모형

청산도 구들장논

을 통해 원형을 짐작해볼 수 있을 뿐이다.

밭으로 내려서서 찬찬히 살펴본다. 초분 위에 거꾸로 꽂힌 솔잎이 보인다. 조문객들이 고인을 위해서, 잘 썩지 않는 솔잎의 기운으로 벌레나 나쁜 기운의 침입을 막기 위해, 하나씩 고이 꽂아 두는 것이란다. 멧돼지 등의 들짐승들로부터 고인의 시신을 보호하기 위해 솔잎만이 아니라 손바닥만 한 크기의 소나무 가지를 꽂아 두기도 한단다. 아, 그렇구나! 나는 어렴풋하게나마, 여기서 천장天葬의 사인(흔적)을 읽어 낸다. 고전에 나오는 천장天葬과 매장埋葬, 그 차이를 생각해 보고 있는 것이다.

다시 청산도를 한참을 걸어 들어간다. 사랑길로 들어서는 입구에 초분이 있다. 해안으로 내려가는 언덕 위, 놓치기 쉬운 곳이다. 초분 옆에 움막같이 초분을 만드는 과정을 설명하기 위해 만들어 둔집에 들어선다. 중앙에 전시를 위한 관이 놓여 있고, 벽에 초분을 만드는 과정을 적어 두었다. 혼자 있으려니 조금 무섭다. 닫힌 관 속에서 시신이 일어서 나올 듯 공포감이 엄습한다. 잠시 밖으로 나와 다른 사람이 올 때까지 기다렸다. 그들과 다시 들어선다.

천장天葬과 매장埋葬

맹자는 장례에 대해 이렇게 말했다.

대체로 상고시대에 부모를 매장하지 않는 사람이 있었으니, 그 부모가 돌아가시자 들것에 들어다가 시신을 산속 계곡에 내다버렸다. 며칠이 지나서 그 사람이 그곳을 지나다가, 여우와 살쾡이가 뜯어 먹고 쉬파리와 등에가 파먹는 것을 보고서는, 그 사람은 이마에 진땀을 흥건히 흘리며 곁눈질로 볼 뿐 차마 똑바로 쳐다보지 못하였다. 그가 이렇게 진땀을 흘린 것은 남들에게 보여 주기 위해 그런 것이 아니요, 진실로 마음속으로 뉘우쳐 얼굴에 드러나게 된 것이니, 아마도 그는 집으로 돌아와 삼태기와 삽을 가지고 가서 시신을 다시 매장하였을 것이다. 시신을 매장하는 것이 참으로 옳은 일이라면, 효자와 어진 이들이 자신의 부모를 장례 치르는 것도 반드시 그 나름의 도리가 있다.

위의 내용 중에 "시신을 산속 계곡에 내다버려 (…) 여우와 살쾡이가 뜯어 먹고 쉬파리와 등에가 파먹는"다는 말이 있는

데, 이것은 중국 상고시대의 천장天葬을 말한다.

천장이란 풍장風葬을 의미한다. 풍장이란 사체를 지상 혹은 나무 위, 암반 등의 자연 상태에 방치해 두고 비바람을 맞아 부패하여 자연 소멸시키는 방법이다. 뼈를 수습하지 않고 그대로 내버려 둔다. 이 점에서 풀무덤 즉, 초분草墳(=1차 葬)을 통해서 탈육脫肉한 후 세골장洗骨葬(=2차 葬. 원장 · 본장)을 하는 이중장제二重葬制와도, 시신의 소멸을 조류에 맡기지 않는다는 점에서 조장과도 조금 다르다. 천장을 조장鳥葬으로 보기도 하는데, 조장이란 풀이 우거진 수풀 속에 내다버려 새나 짐승 · 벌레가 시신을 처리하는 방식을 말한다. 그런데 후술하는 '조弔' 자가 말해 주듯이 짐승들을 쫓는 데서 조장으로 보기는 어렵다. 물론 조장과 풍장에도 지역에 따른 차이가 있다.

청산도의 초분을 재현한 모습

이를 증명해 주는 기록들이 있다. 즉 『오월춘추吳越春秋』에서 "옛날에는 사람들이 질박하여 (…) 사람이 죽으면 띠풀로 싸서 들판에 버렸는데, 효자는 부모가 날짐승 · 들짐승에게 먹히는 것을 차마보지 못해서 활을 쏘아서 지키고, 날짐승 · 들짐승의 해를 끊었다"라고 한다.

이를 보면 매장 이전에 천장을 하지만 날짐승 · 들짐승들이 시신을 해치는 것을 막았음을 알 수 있다. 어쨌든 풍장 혹은 조장 같은 '천장'이 진행되다가 차츰 '매장'으로 바뀌었음을 알 수 있다.

'장葬'자의 뜻

사실 장사 지낼 '장葬'자는 잡풀 우거질 '망茻'자와 '죽을 사死'자를 합한 것이다. 글자 그대로 사람이 죽으면[死(=屍身)] 풀섶[艸]으로 싸서 들판에 내다버려두었던 풍습과 관련된 것이다.[표1 참조] '망(茻)'자는 풀[屮]이 우거진 모양이다. '사死'자는 앙상한 뼈 '알歹'자에 사람 '인人'자를 합친 것으로 사람이 죽어서 뼈만 앙상하게 남은 것을 말한다. 그러니까 '장葬'은 원래 죽은 이를 풀섶으로 싸서 들판에 내다버린 모양이다. '사死'자 시尸, 屍의 최초 표기로 보인다. '사死'자 밑의 '일一'자 표시는 시신을 놓아두는 깔개를 표시한 것이거나 섶으로 두껍게 옷처럼 입힌 것으로 보인다. 풀섶[艸]이 깔개와 옷의 역할을 한 것이라 하겠다. 청산도에서 초분을 만들 때 미물들의 접근을 막으려고 돌 위에 솔잎을 깔거나 초분의 지붕에 솔잎, 솔가지를 꽂아 벌레들의 근접을 방어했음을 볼 수 있다. 여기서 풀섶의 역할을 살필 수 있다.

[표1] 소전小篆에 나온 장사 지낼 '장葬'자 글자의 구성

葬	艸	茻+死
	死(=尸, 屍) 一	
	艸	

『주역』「계사繫辭 · 하」에 보면, "고지장자古之葬者 후의지이신厚衣之以薪 장지중야葬之中野 불봉불수不封不樹"라는 구절이 있다. 즉 "옛날의 장례는 풀섶으로 두껍게 입혀서 들판에다 장사지내고는 봉분이나 표식을 세우지 않았다"는 말이다.

그다음 구절에 "상기무수喪期無數 후세성인역지이관곽後世聖人易之以棺槨" 즉 "상을 치르는 기간에 (정해진 법식의) 날짜가 없었다. 후세에 (예법과 문화를 만든) 성인이 관곽으로 바꾸었다"라고 말이 이어진다. 이것은 천장에서 매장으로의 이행을 알려주는 대목이다.

'조弔'자에 숨은 장례 풍경

그런데, 시신을 들판에 내다 버리면 새(날짐승)나 들짐승들이 쪼아 먹으러 오기 마련이다. (어디 금수에만 머물겠는가. 온갖 벌

레들도 달려든다) 그러면 유족들이 그것을 그대로 방치했을까? 아니다. 그러면 그것을 어떻게 알 수 있는가? '조弔'자([표2] 참조)가 이 점을 알려 준다.

소전小篆에 나오는 '조弔'자를 보면 사람 '인人'자에 활 '궁弓' 자가 보인다. 마치 이[夷: 大(대→사람)와 弓(궁)의 합자. 사람이 활을 들고 있는 모양]자처럼, 사람이 활을 지닌(=들거나 메고 있는) 모습이다.

[표2] 소전小篆에 나온 조상할 '조弔'자 글자의 구성

弔	人	人+弓
	弓	

무슨 말인가? 허신許愼의 『설문해자說文解字』에서는 "마지막 가는 길의 안부를 묻는 것이다. 옛날 장사를 지내는 자는, 섶으로 두껍게 옷 입히고, 사람들이 활을 가지고, 모여서 새를 쫓는다"고 설명하고 있다. 앞서 인용한 『오월춘추』에서도 "옛날에는 사람이 죽으면 띠풀로 싸서 들판에 버렸는데, 날짐승·들짐승에게 먹히는 것을 차마보지 못해서 활을 쏘아서 지키고 날짐승·들짐승의 해를 끊었다"고 나온다. 안사고顔師古는 『급취편急就篇』에서 '조弔'자를 이렇게 풀이하였다: "조弔는 죽음을 위문하는 것이다. 문자에서 사람이 활을 지닌 것을 조弔로 하였다. 상고시대의 장례는 섶으로 두르고 관곽棺槨

이 없었다. 항상 날짐승 들짐승들이 해할까 염려하였다. 그런 까닭에 조문하는 이가 활[弓]을 지니고 모여서 활 쏘는 것을 도왔다."

이처럼 '조弔'자는 인간존재의 마지막을 말해 주는 타임캡슐이다. 우리네 삶의 지나간 시절의 풍습을 잘 붙들고 있다.

6. 청산도의 기억, 미안함

구들장논과 초분, 황폐한 터에 피는 꽃

나는 청산도를 들어설 때, 청산도의 명물 '구들장논'의 설명을 읽었다. 구들장논은 돌을 세로로 여러 줄 쌓고 그 위에 구들장을 놓은 후 흙을 덮어 만든다. 우리의 온돌 문화를 응용한 것이라 보기도 한다.

글쎄, 나는 청산도를 돌면서 나는 이런저런 생각을 해 보

초분을 만드는 과정을 설명한 안내판

았다. 구들장논은 초분의 다른 형태가 아닐까. 엉뚱한 상상이지만, 지상의 물을 일단 땅 밑에 묻었다가 논에다 대는 것은 물의 매장술처럼 보였다. 사람의 몸을 묻는 기술처럼, 물마저 땅 밑에 묻어 그 뼈를 추려 지상에 묻고 싶었던 것일까.

호랑이는 죽어서 가죽을 남기고 사람은 죽어서 이름을 남긴다 했다. 사람의 흰 뼈[白骨]는, 가고 없음 표식이자 가짜수표이다. '백골이 진토塵土 되어 넋이라도 있고 없고?'처럼, 사람의 흰 뼈를 고요히 담아내는 무덤은 사실 '무無의 덤'이다. 무이지만 덤으로 있는 표시. 최근 「"관리할 자식 없다" 조상무덤 파내는 일본 노인들」8이란 신문 기사를 읽은 적 있다. 무덤은 일단 삶의 청산淸算이다. 그것을 파낸다니? 어디에도 기대지 않겠다는, 흔적을 지우고 서로서로 부담을 주지 않고 편해지겠다는, 당찬 각오처럼 읽힌다.

삶은 결국 '진토塵土'에서 평온을 찾고, '풍진風塵'으로 비로소 자유를 구가한다. "아차 한 번 죽어지면 북망산천의 흙이로구나!" 그래, 저 덧없는 존재의 옷자락인 바람과 흙먼지마저 없다면, 미세먼지를 실어 나르는 바람마저 없다면, '휙 지나간' 삶의 불꽃 그 표식은 또 어디서 찾을 것인가.

청산도를 떠나 이제 집으로 향한다. 유채꽃 필 고요한 섬의 아름다운 봄날을 기다리는 황망한 대지 위에, 무덤은 존재의 '황폐한 터[廢墟]'에 피는 꽃 아닌가. '소멸=내쫓음=불안'+'기억=불러냄=안심'의 이중 장치인 무덤을, 나는 '소멸-기억의 고고학'이라 부르고 싶어졌다.

성철性徹(1912~1993)
해인사 초대 방장

어느새 대웅전을 오르는 길목, 일주문 근처의 퇴옹당 성철스님의 사리를 모신 사리탑舍利塔 앞에 선다. 퇴옹退翁은 호이고, 성철性徹은 법명이다. 1993년 11월 4일 열반한 후에 다비를 하여 여기 진신사리를 수습해 두었다.

1. 무덤에서 삶을 생각하게 된 '계기'

삶을 정리하는 방향에 서서

몇 해 전 어머니가 세상을 떠났다. 이후 나는 삶의 허망함 때문에 '죽음에서 삶을 생각한다'는 화두를 붙들었다. 이유는 단순하다. 서서히 나 자신의 삶을 정리하는 방향에서, 인생 공부를 조금 해 보고자 일부러 주제를 그렇게 정한 것이다. 이제 비로소 철이 든 것이다. 언젠가 나는 이 지상에서, '지금 · 이곳'이라는 상대적 '시공간'을 잃고, 영원 그 '절대' 속으로 사라지고 말 것이다. 아니 그 절대라는 시공간도 결국은 사람들의 '기억' 속 이미지나 기호로만 남아 '추상적'으로 떠돌다가 영영 물거품처럼 흔적을 지울 것이다. 무덤이라는 표식마저도 끝내 사라져 버린다면 무덤은 '덤'을 떼어 내고 참된 '무無'가 되는 셈이다.

'시時'라는 것

표식은 공간적 좌표이다. 하지만 우리 인간은 그것(=공간)을 통해 시간의 흐름을 분절화하여 기억하고 추억한다. 공간적 매개 없이는 시간을 붙들어 낼 수가 없다.

참고로 '시時'라는 말이 시간[日]을 '손(寸←手)'으로 '딱 붙드는=캐치하는(土←止)' 것 즉 타이밍을 의미한다. 시절은 시간(時)의 마디마디(節)이다. 그 마디들은 눈에 보이지 않으니, 눈에 보이는 것으로 바꾸어야 한다. 분절화해야 한다. 시계는 시침 · 분침 · 초침으로, 보이지 않는 시간을 명확하게 공간 속에서 숫자로 바꾸어 그 '경과'를 시각적으로 보여 준다. 그렇지 않으면 우리는 시간의 흐름을 알 길이 없다.

(말이 나온 김에) 그렇다면 '시詩'라는 것은 무엇인가? 언어[言]의 사원[寺]이니 신전이니 제단이니……, 온갖 수사가 있으나 나에겐 납득이 잘 안 간다. 앞서 말한 시時처럼, 시詩는 어떤 대상에 대해서 마음 속에서 옹알이하며 맴도는 뜻(의지)을 직관해서 말[言]로 '딱 붙드는=캐치하는' 것이다. 그것은 바로 '워딩'이다. 마음을 '딱 붙드는' 데에는 언어-문자라는 '보이는 것'을 매개로 해야만 한다. 생일축하 파티, 달력, 무덤이라는 표식, 별자리 이동에 관련한 천문학 등등은 모두 보이지 않는 무한 시간을 보이는 상대적 시간으로 분절화해 내어 기억 · 추억 · 회상 · 설계 · 희망하려는 인간적 노력들이다. 참 눈물 나게 슬프고도 아름다운 일들이다.

생각해 보니 지금까지 나는 집요하게도 삶 쪽에서 늘 죽음을 바라보고 있었다. 이쪽에서 저쪽을 쳐다보며, 저곳을 어둡고, 두렵고, 무서운 것으로 인식하고 있었다. 아마 살아 있는 자들은 대다수 '지금 · 여기'의 관점에서 '이다음 · 저기'를 구분하고 상대화시키며, 전자보다 후자를 낮추거나 배제하려고 애쓸 것이다. 그러나 그것은 관념일 뿐, 불가능한 이야기이다. '지금 · 여기'에 '이다음 · 저기'는 그림자처럼 딱 붙어 있어 뗄 수가 없다. 전자가 갑이라고 생각하지만 사실은 후자가 갑이고 전자는 을이다. 저쪽에서 이쪽을 기다리며, 어서 오라고 항상 손짓하며 부르고 있다. 그 손짓이나 부름은 잘 보이지도 들리지도 않는다. 그러나 잘 보고 잘 들으면 잘 보이고 잘 들린다. 천지의 허공과 땅, 산천초목이 다 손짓이고 부름 아닌가. 우리가 돌아갈 곳, 함께 만나 섞이며 영원히 같이해야 할 존재들이 그것 빼고 무엇이 있겠는가. 늘 친구처럼 대화하고 감사하고 고마워해야 할 것이 바로 허공과 땅과 만물들 아니겠는가.

그래서 나는 생각을 바꾸었다. 저쪽(=죽음)의 절대적 시공간에서 이쪽(=삶)의 상대적 시공간을 집요하게 한번 탐구해 보려는 것이다. '생에서 사를'이 아니라 '사에서 생을'이라는 식의 관점 전환이다.

죽음-무덤-현재적 의미

최근 나는 이곳저곳으로 떠돌며, 이 세상을 살다 떠난 사람들의 '무덤' 앞에 서 본다. 어떤 느낌으로 내가 그 앞에 서 있는지 내 내면의 움직임을 살펴본다. 이런 일들이 즐거워지기 시작했다. 무서운 무덤이 아니라 한마디로 '즐거운 무덤 탐방'이다. 특정 종교나 이념에 상관없이, 내가 가서 보고 싶은 곳을 정해서, 자유롭게 발걸음을 옮겨 다니며 죽은 자들의 흔적을 대면하는 것이다. 그냥 여행이 아니다. '죽음을 찾아다니는 여행'이거나 '죽음 공부가 있는 유랑'이다. 마땅히 그렇게 불러야 하리라.

죽은 자들을 내 앞에 다시 불러내어, 내가 그들에게 듣고자 하는 것은 무엇인가? 죽은 자들은 말이 없지만 그들이 살아 있는 나에게 전해 주는 무언의 충고 · 가르침 같은 것은 분명히 '있다'. 그것은 대부분 사자의 '글'='문자사리文字舍利' · 작품 · 유품, 나아가서는 그 사람의 생애 속에 '살아 계신다'. 여기 안 계시지만 그분은 거기에 진실로서 계신다. 그 나머지는 산 자들의 기억이나 술회 속에 남아 건재하다. 그리고 여기서만 그치지 않는다. 무덤의 형식이나 그 주변의환경들, 사자의 행적이나 흔적 · 유적을 둘러싼 사업들마저도 그 사람이 통제했거나 못했거나 간에 모두 무언의 충고와 가르침을 은유적으로 드러낸다. 사자들은 여기에 없으나 이런 저런 방식으로 흩어져서 살아 있다. 이렇듯 '죽음 → 무덤 → 현재적 의미'라는 방식만이 아니라 '죽음 ← 무덤 ← 현재적 의미'이라는 방식도 가능하다.

무덤은 지나간-잊혀진 사건이 아니다. 과거와 현재, 현재와 현재의 대화이다. 일차적으로는 '나 자신과 사자'의 대화를, 심층적으로는 '나 자신과 내 내면'과의 대화를 뜻한다. 중요한 것은 오히려 후자라고 생각한다. 왜냐. 죽음은 남의 문제가 아니다. 평소 나자신의 문제로서 껴안고 있다. 내 죽음은 내가 '알고 있고, 해명하고, 말해야 하는' 사건인 것이다.

"문이 닫히는데……."

무덤 앞에 서서 나는 선입견 없이, 있는 그대로, 내 생각의 흐름을 좇아가면서 내가 무엇을 이야기해야 하는가를 정리하고 고심해야만 한다. 그것은 결국 내가 나를 만나 대화하는 길로 접어드는 과정을 빼고 생각할 수 없다는 것을 뜻한다. '부처님 오신 날'을 앞두고, 어느 신문에서 성철스님의 상좌 원택스님(해인사 백련암 주지)과 만남을 가졌다. '죽음은 무엇인가요?'라는 물음에 스님은 이렇게 말한다. "문이 닫히는 순간입니다. 이쪽 세계도 모르고 저쪽 세계도 모르는 순간이 되는 것이죠……. 그래서 살아서 하나씩 둘씩 내려놓아야 하는 것이죠. 문이 닫히는데 뭘 기억하고 뭘 챙겨서 가겠어요." 쉽고도 간명한 말씀이다. '문이 닫힌다'는 것은, 밝았던 날이 저물어 밤이 되는 것, 그래서 훤했던 것들이 깜깜해지는 것, 그래서 모든 것이 제로, 무無로 가는길을 뜻하리라. 봄이 오면 다시 그것이 가 버리고 여름이 오듯, 여름이 오면 다시 가 버리고 가을이, 겨울이, 다시 봄이 오고 가듯, '온 것은 반드시 간다'는 사실을 보여 준다. 간 것들의 흔적은 끝끝내 다 지워진다. 간 뒤에 남는 것, 그 자리에 덧보태는 것은 '덤'이다.

그렇다면 무덤은 액세서리(장식품 · 치장품)의 의미이다. 그래서 나는 무덤을 '무無의 덤'이라 읽는다. '덤'을 사전에서는 '제 값어치 외에 거저 조금 더 얹어 주는 것'이라 한다. 삶의 값어치 외에 남은 자들이 '거저 조금 더 챙겨 준 것'이 무덤이다. 덤이라면, 사실 무덤은 만들어도 되고, 안 만들어도 된다. 기어코 만들지 않아도 되지만, 이왕 덤으로 만든다면, 작으면서도 소박한 편이 낫다. 높아진 봉분, 거대한 비석들, 넓은 묘터는 모두 살아 있는 자의 욕망과 권력과 콧대와 체면과 위상을 보여 주려는 것이다. 잘 빗은 머리칼, 날 세운 양복, 빛나는 구두, 돈 들여 탱탱하게 당긴 주름살, 당당한 덩치나 키, 큰 목소리처럼, 그것은 하나의 정치이다. 죽은 자를 산 자들의 욕망-논리로 재해석해 낸, 이른바 산 자들의 '에고의 얼룩-때-그림자-자국'이다. 더 이상, 더 이하도 아니다.

2. '성철스님 사리탑'을 찾다 : '무언-침묵'='가르침'이라는 형식1

4월, 어머니가 떠나고

몇 해 전 4월 한창 꽃 피던 날, 어머니가 세상을 떠났다. '사람이 태어남에 우수와 함께 살아간다[人之生也 與優俱生](『장자莊子』「지락至樂」)'고 했던가. 자식들이 많아 평생 고생만 하시다가 가신 어머니. 죽어서야 비로소 꽃 산천에 허리 쭈욱 펴고 편히 쉬시리라. 이제 꽃이거나 저 하늘의 별이 되셨으면. 아니 차라리 훨훨 나는 새가 되시기를 빈다. 안부를 여쭈러 무심결에 눌러 대던 전화도 걸 길이 없어, 황사 자욱한 길 위 흐드러지게 핀 이팝나무 조팝나무 밑에 서서, 나는 서러워 펑펑 울었다.

5월 1일 노동절 아침, 허망 속에 흔들리는 봄 밑 마음을 달래고자 딸아이를 꼬드겨 데리고서 해인사를 찾았다. 생전에 독실한 불자셨던 어머니도 못난 자식 따라 함께 하셨으리라.

1992년, 김국환이 부른 노래, 「타타타」를 중얼대며, 타박타박 흐린 날의 산길을 밟고 오른다. 이 풍진風塵 세상~, 바람과 먼지만 떠도는 길. 계곡의 푸른 수륜水輪 밑으로, 내 마음은 흔들리며 풍륜風輪 속을 넘는다.

> 네가 나를 모르는데 난들 너를 알겠느냐 / 한 치 앞도 모두 몰라 다 안다면 재미없지 / 바람이 부는 날엔 바람으로 비 오면 비에 젖어 사는 거지 / 그런 거지~ 음음음 어 허허~
> 산다는 건 좋은 거지 수지맞는 장사잖소 / 알몸으로 태어나서 옷 한 벌은 건졌잖소 / 우리네 헛짚는 인생살이 한세상 걱정조차 없이 살면 / 무슨 재미~ 그런 게 덤이잖소……."

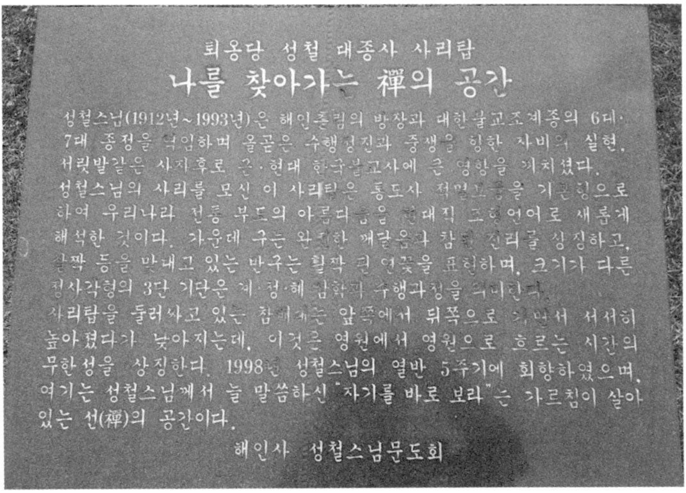

성철스님 사리탑 설명문

노래가 노래로 들리지 않는다. 타타타tathātā. '있는 그대로'. 진여眞如 · 여여如如 · 진실眞實을 생각한다. 노래를 듣다 보면, 눈물도 덤이고 아픔도 웃음도 기쁨도 근심 걱정도 모두 덤이 되는 것 같다. 그래, '희로애락애오욕'의 칠정이 지어내는 그림들, 모두 수지맞는 장사고, 한탕 건진 것 아닌가. 허, 허! 허탕虛蕩은 아니란 말인데……, 그 뜻을 위로 삼아 걷는다.

허망에게도 '감사'를

"신이여 내가 없으면 당신은 뭘 하시겠습니까?(Was wirst du tun, Gott, wenn ich sterbe?)"라고, 시인 라이너 마리아 릴케는 오히려 신을 위로하는 시를 쓴 적이 있다. 시 속에서 그는 '내(인간)가 있으므로 당신(신)이 있지 않냐?'고 다그친다. 인간이 요란스레 찾아 대는 위대한 신이 어쩐지 찌질해 보인다.

그렇다. 몸이 있기에 영광도 오욕도, 신도 희망도 사랑도 있는 법. 몸이 없으면 없었을 이 지상의 역사와 종교, 숱한 계율과 가르침들. 몸은 결국 '썼다가 지우는sous rature' 것이리라. 고로 관념도 역사도, 종교도 희망도, 사랑도 미움도, 몸 따라 나선 그림자들, 지워지고 말 생각의 얼룩들이다.

애당초 불교에서는 몸을 땅 · 물 · 불 · 바람地水火風, 즉 사대四大가 화합이라 했다. 사대는 각기 다 여의고 마는데, 허깨비 같은 이 몸은 무엇인가? 어느 곳에 있는가? 이렇게 묻는다. 잘 보라, 머리카락 · 털 · 손톱 · 치아 · 피부 · 근육 · 골수 · 살점 · 때 · 색色은 땅地으로, 침 · 눈물 · 피 · 콧물 · 정기

精氣 · 소변 · 대변은 물水로, 체온 같은 따뜻한 기운은 불火로, 움직임은 바람風으로 모두 다 돌아가는 것 아닌가.2

세상을 여읜 자들은 모두 '있는 그대로'가 되는 거다. 그래서 어느새 내 곁에, 지금 여기 눈앞에, 떡하니 스스로를 나타내고 있는 것이다. 꽃으로, 나무로, 먼지로, 햇살로……, 인연의 고리를 좇아 출렁이며 생겨났다 여의고, 여의었다 생겨나는 것이라면, 가신 나의 어머니도 지금 여기 와 계신 것이리라. 아차! 잊고 말았구나! 땅에도 물에도 바람에도 '감사하다!'는 두 손 인사를. 환영幻影과 허망虛妄에게도, 그저 두 손 모아 '감사합니다!?' 예를 차려 본다.

성철스님 사리탑 앞에서, 뜬금없는 '부도浮屠' 생각

어느새 대웅전을 오르는 길목, 일주문 근처의 퇴옹당 성철스님의 사리를 모신 사리탑舍利塔 앞에 선다. 퇴옹退翁은 호이고, 성철性徹은 법명이다. 1993년 11월 4일 열반 후, 다비를 하여 여기 진신사리를 수습해 두었다.

사리탑을 부도탑浮屠塔라고도 한다. 부도浮屠라. 뜰 부, 죽일(도살할)도. 아니, 신성한 탑에 이런 글자를 왜 붙였던가? 한자 뜻으로 보면 이해가 잘 안 된다. 그래서일까, 부도의 죽일 '도' 자를 그림 '도圖'자로 바꿔 쓰기도 한다. 사실 부도는 붓다Buddha의 음역音譯이기에, 새길 필요도 없고 새겨서도 안 된다. 나무아미타불南無阿彌陀佛의 '남무'를 산스크리트어 '나마스namas(歸命 · 歸依)'의 음역인 줄 모르고 '남쪽에는 없다'고 번

역해서는 안 되는 것처럼 말이다.

부도浮屠는 중국어 발음으로는 푸투futu이다. 붓다Buddha의 음역이라는 설 외에, 스투파stupa의 음역인 솔도파率屠婆나 탑파塔婆의 전음轉音이라는 설도 있다. 어쨌든 부도는 불·탑·승佛塔僧을 다 의미하는 것으로 쓰인다. 여기서 부도가 붓다(=불)와 탑 공용으로 연결되어 쓰이는 것은 이해된다. 왜 그런가. 불교 내에서 붓다가 입멸한 뒤, 그 진신사리를 모신 탑이 신앙 대상이 된 다음 역사적 몸의 그분(=붓다)이 지금 여기 안 계시니, 붓다의 '사리탑'이 곧 '붓다' 그 자체로 인식될 수밖에 없다.

다시 말해서 사리탑으로 대치된 붓다 즉 '환유'의 방식을 통해 이제 그분을 만날 수밖에 없는 것이다. 다만 위대한 정신적 존재인 '붓다'를 그 물질적 흔적이 '사리탑'과 조금 구별할 필요가 있다면, '부도'에다 '탑'자를 일부러 붙여서 부도탑이라 강조하면 될 것이다. 그래서 '부도'와 '부도탑'이 같이 쓰이는 것도 이해된다.

그런데 왜 하필 붓다를 음역할 때 '뜰 부, 죽일 도'자를 조합하여 부도로 했을까. 이런저런 의문이 들어 찾아보니 『조정사원祖庭事苑』의 '부도浮屠' 항목에 간명한 해답이 있다. 참고로 『조정사원』은 송나라 목암선경睦庵善卿스님이 『운문록雲門錄』 등의 선종 관련 도서에서 숙어 2,400여 개를 채록하고 그 전거를 제시하여 주석을 보탠, 8권으로 된 사전이다. 조정祖庭이란 조사가 머무는 뜰로서 '선종'을, 사원事苑이란 '사전事

典'을 뜻한다. 『조정사원』에서는 이렇게 말한다.

부도浮圖: 불·탑·승佛塔僧

범어로 불타佛陀(Buddha)이다. 혹은 부도浮圖라 하며, 혹은 부다部多라 하며, 혹은 모타母馱라 하며, 혹은 몰타沒陀라 한다. 모두 오천축五天竺(고대 인도의 동·서·남·북·중 다섯 나라)의 말이다. 지금은 아울러 각覺이라 번역한다. 도사道士의 (장융張融이 지었다고 말해지는) 『삼파론三破論』에는 "불佛은 옛 경본經本에는 부도浮屠라한다. 나집羅什이 불도佛徒라고 고쳤다. 그 글자의 본원[源]이 나쁜 것임을 알았기 때문이다. 조서[詔]를 내려서 부도浮屠라고 한 이유는 호인胡人(=인도인)이 흉악한 때문이다. 노자老子가 그들을 교화시켰는데, 그들이 처음엔 신체[形]를 손상시키고 싶지 않았기에 그 머리를 깎았다. 하물며 베어서 죽이기까지야 했겠는가?" 석순법사釋順法師가 말했다. "경經에 이르기를 부도浮圖란 것은 범어梵語이다. 혹은 '장래 성천자聖天子가 될 성스로운[聖瑞] 신령스런 도상[靈圖]'이라 할 것이 바다에 떠서 이르렀다 하여 부도浮圖라고 이른다. 오吳나라 가운데의 석불石佛이 바다를 건너 갑자기 오게 된 것이 바로 그 일이다. 지금 자네가 도상圖像의 도圖를 폄훼하여 형벌의 죽임[屠]의 도屠로 한다면, (중략) 비슷하나 아닌 것이거나, 아니면서 비슷한 것이다. 외전[外書]에는 중니仲尼를 성인

> 으로 삼지만, 내전[內經]에는 '(중니의) 니尼란 여자[女]이다'라고 했다. 그런데 어떤 사람이 '중니仲尼가 여자이다'라고 한다면, 자네가 어찌 그것을 믿겠는가. 오히려 도圖[tu]와 도屠[tu]라는 글자가 (뜻이 아니라 발음상) 서로 유사하듯이 또한 무엇이 다르겠는가?"

인용문에서 보듯 여러 이야기가 있지만 도屠[tu]는 도圖[tu]와 발음이 같으나 어느 쪽이든 음역을 한 것이라서 뜻을 새겨서는 안 된다. 마치 한자 뜻을 가지고서 부도의 도를 이해하는 것은 '중니仲尼'의 '니'를 여자(=여승, 비구니)로 새기는 것과 같은, 사이비 해석을 하는 꼴이 된다. 한마디로 부도浮圖든 부도浮屠든 붓다의 음역이니 의역해서는 안 된다는 말이다.

'사리탑=부도'는 무언-침묵의 가르침

사람은 살아서는 '나'를 로고스의 공간에서 보여 주려 하나, 죽어서는 '나'가 카오스의 공간에 숨는다. 로고스는 정상 쪽으로 높아지려 하는 방향에서, 카오스는 지하바닥의 굴속으로 묻히는 방향에서 의미를 갖는다.

살아 있는 역사적 공간은 상대적 세계이다. 모든 살아 있는 존재는 시간의 파도에 깎이어 결국 흔적을 지워 간다. 끝내 침묵과 고요라는 영원, 절대의 세계로 간다. 그 세계는 무덤이라는 표식으로 대지 위에 기억된다. 우리는 상대적 세계에서 살다가 죽어서 절대적 세계로 간다. 적멸보궁. 그런데

성철스님 사리탑 가는 길

그(적멸보궁)의 건축술의 기하학적 형식은 구상적 세계가 아니라 추상적 세계를 보여 준다. 절대는 구상 속이 아니라 추상 속에서 살아 있다.

호랑이는 죽어서 '가죽'을 남기고 사람은 죽어서 '이름'을 남긴다 했다. 사람은 죽어서 두 가지로 분해된다. 정신의 '넋[魂]'과 육체의 '얼[魄]'이다. 넋은 소문 · 칭송 같은 '명성'으로 허공에 남아 떠돌고, 얼은 백골을 껴안은 '무덤'이라는 물질적 형식으로 땅에 남는다. 그래서 사람은 죽어서 넋의 이름인 '명성'과 얼의 이름인 '무덤'이라는 두 가지 이름을 남긴다. 스님들이 남긴 '사리-사리탑-부도-부도탑'은 일단 얼이라는 이름이나, 그것은 분명 역사적인 몸(化身 · 應身)이 아닌

진리의 몸(法身), 절대의 몸을 상징한다. 붓다나 큰스님들의 진신사리를 모신 탑(스투파)은 그 자체로 그분들(붓다 · 큰스님)의 법신을 상징한다. 그렇다면, 붓다가 부도이고, 부도탑이 붓다인 것이다.

사리탑은 시끄럽지 않고 고요하며, 속되지 않고 성스러운 공간이다. 산 자들은 도저히 닿을 수 없는 곳, 오직 죽어서만이 다가설 수 있는, 거룩한 아득히 먼 곳이다. 따라서 그곳은 묘역墓域인 동시에 절대적 무언과 침묵이라는 형식을 통해 가르침을 전해 주는 교학敎學의 공간이다. '묘'와 '학'은 이렇게 밀접하게 붙어 있다. 유교에서는 성현을 모신 사당[=廟]과 강학당[=學]의 배치를 '묘 → 학'으로 또는 '학 → 묘'로도 배치되긴 하나, 역시 그 기준점은 '묘'이다. 묘廟이든 묘墓이든 죽은 자가 산 자를 호출해 내고, 줄 세우고, 가르치는 형식이다. 그곳에는 그 누군가가 '죽었지만 살아서', 오히려 그래서 더 확대된 '큰 바위 얼굴' 같은 성스러움 · 위대함 · 모범성을 자랑한다. 묘廟 · 墓는 죽은 자들이 자리한, 그래서 성스러워진 엄숙한=고요한=신성불가침의 절대공간이다. '종교'는 '종宗(절대적인 것)'과 '교敎(가르침)'의 합체 아닌가. '종'은 그 자체로서 '교'의 의미를 갖는다. '안 계시지만' 무언과 침묵으로서 '계신' 그 의미. 성철스님도, 안계시지만 사리탑이라는 무언 · 침묵의 형식으로 가르치며 계신다.

성철스님의 사리탑은 조형 측면에서 다른 것과 조금 다르다. 이 사리탑은 열반 5년 뒤, 1998년에 새로 조성한 것이라는데, 내용이 궁금해서 '해인사 성철스님문도회'의 건립 설명문을 잠시 읽어 본다. 「퇴옹당 성철 대종사 사리탑」이란 글 밑에 '나를 찾아가는 선禪의 공간'이란 제목이 큰 글씨로 새겨져 있다. 바로 이 대목에 눈길이 멎는다. '사리탑'은 역시 '선의 공간' 즉 배움의 터라는 인식이다.

> 이 사리탑은 통도사 적멸보궁을 기본형으로 하여 우리나라 전통 부도의 아름다움을 해석한 것이다. 가운데 구는 완전한 깨달음과 참된 진리를 상징하고, 살짝 등을 맞대고 있는 반구는 활짝 핀 연꽃을 표현하며, 크기가 다른 정사각형의 3단 기단은 계 · 정 · 혜 삼학과 수행과정을 의미한다. 그리고 "사리탑을 둘러싸고 있는 참배 대는 앞쪽에서 뒤쪽으로 가면서 서서히 높아졌다가 낮아지는데, 이것은 영원에서 영원으로 흐르는 시간의 무한성을 상징한다. 1998년 성철스님의 열반 5주기에 회향하였으며, 여기는 성철스님께서 늘 말씀하신 "자기를 바로 보라"는 가르침이 살아 있는 선禪의 공간이다.

성철스님은 사리탑으로 살아서 계신다. "자기를 바로 보라! 자기를 바로 보라!"고 하시며, 여기 안 계시면서 여전히 계신다. 그렇다면 죽음이란 무엇인가? 다시 묻는다.

성철스님 사리탑

무덤, '무無의 덤'이라는 형식의 은유

우리는 왜, 죽음을 으슥한 곳, 깊은 곳, 보이지 않는 곳, 산속으로 자꾸 내몰고 있는가? 그런 축출과 배제의 역사는 어디서 온 것일까? 우리 삶이 팍팍해서? 아니 우리들의 삶이 죽음보다 더 위대해서?

우리는 언제부터인가 삶과 죽음을 준엄하게 구별하기 시작했다. 다시 그것을 온화한 것과 차갑고 무서운 것, 아름다운 것과 추악한 것으로 차별하고, 그런 다음 다시 후자(=차갑고, 무섭고, 추악한 것)를 삶의 세계로부터 축출하기 시작했다. 이 못된 인식론적 프레임은 어딘가 꼬일 대로 꼬여 있다.

죽음은 삶의 저쪽에 있지 않다. 이쪽, 여기에 있다. 삶 속의 안쪽에, 삶 속에 동거해 있다. 그런데 자꾸 우리는 저쪽이라고 눈길을 돌린다.

무덤은 '덤'이다. '무無의 덤'이다. 맨몸으로 태어나서 옷 한 벌, 신발 한 켤레 챙기듯, 죽어서 흩어지지 않고 여기서 살았다는 표식 하나를 얻었다. '무無'에서 '덤'으로 얻은 것. 삶의 산자락에, 달빛을 닮은, 꽃 한 송이 피운 것이다.

법정法頂(1932~2010)

무소유 청졸淸拙 스님

스님의 유언에 따라 가장 아끼고 사랑했던 후박나무 아래 유골이 모셔져 있다. '한적할 청淸, 질박할 졸拙'–청졸. 자연에 기거하며, 세속의 번잡한 일들을 끊고, 오두막집이나 짓고 나무나 심으며 소요하면서 자신의 내면적 깨달음에서 의미를 찾던 생활의 '마지막은 자연'이다. 자 보라! 소유가 아닌 '존재'(=무소유)로, 구속이 아닌 '자유'로 향한 라이프스타일은 '불일암'의 후박나무 아래서 증언한다.

1. '법정스님 계신 곳'을 찾다
: 이 풍진 속의 '무소유 · 자유'[1]

'무소유 · 방랑 · 자유'란 어휘 앞에

박홍규 교수(영남대)가 쓴 『카페의 아나키스트, 사르트르 - 자유를 위해 반항하라』(2008)를 읽었다. 그 속에 〈법정스님과 사르트르〉라는 대목이 있어 흥미로웠다. 저자는 '무소유 · 방랑 · 자유'라는 공통분모가 되는 키워드를 두 사람에게 찾아내려 애쓴다. 하지만 삶의 행태에서 "법정스님과 사르트르 사이에서 아무리 비슷한 점을 찾으려고 해도 역시 다르다"[2]고 말한다. 아울러 솔직한 의견을 보탠다. "법정스님이 영원히 떠돌아다니는 탁발승이었는지 나는 모른다. 언젠가는 서울 부근의 어느 절의 주지가 되었다고 해서 의아해한 적이 있다. 반면 사르트르는 언제나 결코 어딘가에 고정되어 머물지 않은 영원한 탁발승처럼 살았다. 구걸만 안했다 뿐이지 떠돌이 중과 조금도 다름이 없었다."[3] 나는 차라리 법정스님이 소로우 아니면 격이 다르긴 하나 스피노자에 대비했더라면 어땠을까 하는 생각도 해 보았다.

월든 호숫가의 법정스님

법정스님은『아름다운 마무리』(2008)라는 책 가운데「간소하게 더 간소하게」에서 소로우가 살았던, 콩코드시에서 남쪽으로 2㎞ 정도 떨어진 곳의 월든 호수와 오두막집 이야기를 적고 있다.

> 월든에 다녀왔다. (…) 호수의 북쪽에 150여 년 전 소로우가 살았던 오두막의 터가 돌무더기 곁에 있다. 거기 널빤지에 이런 글이 새겨져 있다. '내가 숲속으로 들어간 것은 인생을 한번 내 식대로 살아 보기 위해서였다. 즉 삶의 본질적인 문제에 직면하여 인생이 가르치고자 한 것을 내가 배울 수 있는지 알아보고자 해서였다. 그리하여 마침 죽음에 이르렀을 때 내가 헛된 삶을 살았구나 하고 후회하는 일이 없도록 하기 위해서였다. - 소로우'4

아마 스님에게 감명을 준 구절이었으리라. 20년 전 필자도 케임브릿지시에 머물 때 가족과 함께 월든 호수를 두 번 찾아 그다지 크지 않은 맑은 호수에 발을 담그고 소로우의 간소한 삶을 동경한 적이 있었다.

이어서 스님은「다시 월든 호숫가에서」에서도 다시 월든 이야기를 적고 있다. "월든으로 갔을 때 그의 나이 스물여덟이었고 책은 한 권도 저술한 적이 없었다. 마을 사람들 말고는 그를 알아볼 사람도 없었다. 월든 호숫가에서 지낸 이 기간이 소로우의 인생에서 가장 아름답고 의미 있는 시기였다. 그 이후의 삶의 방향을 결정짓는 전기가 되었기 때문이다."

이처럼 법정스님에게 소로우는 제법 영향을 미친 사람이다.

어쨌든 '무소유 · 방랑 · 자유' 이런 어휘는 누구나 살면서 한 번쯤은 머리로 생각해 봄 직한 것들이리라. 생애의 '마지막 어휘final vocabulary'는 아니라 하더라도 실천에 옮기기가 그리 쉬운 말들은 아니다. 누군가가 세속의 때가 묻은 나더러, "당장 그렇게 살아 보라!"고 권한다면, "아?, 잠시만요!" 하고 '정신적 경련mental cramp'을 겪지 않으리란 확신도 없다.

월든 호숫가 소로우의 통나무집 모습

문득 마주한 '청졸'

마침 '법정스님 계신 곳'으로 가기 전날 문득 책상에 앉아 있다가 조정사원을 아무 데나 펼쳤다. 운 좋게도, 그때 턱 마주친 단어가 '한적할 청淸, 질박할 졸拙', 즉 '청졸'이다. 어쩐지 이것이 법정스님을 표현하는 말로 잘 어울린다는 생각이 들었다.

반악潘岳(247~300, 서진西晉 사람)의 「한거부閑居賦」 서序에서 말한다. "졸拙이란 것은 총애와 영광[寵榮]의 일에 대한 뜻을 끊을 수 있는 것이다. 집 짓고 나무 심고서, 소요消搖하며 자득自得하는 것, 이것이 청졸淸拙이다."

청졸은 한마디로 '한적하면서[淸] 질박함[拙]'이다. 자연에 기거하며, 세속의 번잡한 일들을 끊고, 오두막집이나 짓고 나무나 심으며 소요하면서 자신의 내면적 깨달음에서 의미를 찾는 생활을 말한다. 즉 소유가 아닌 '존재'(=무소유)로, 구속이 아닌 '자유'로 향한 라이프스타일을 말한다. 법정스님의 무소유 · 자유의 삶을 잘 드러낼 수 있는 말이라 생각했다.

대중을 위해서라면 '말에 기대서'라도

우리 사회에서 과연 '무소유 · 방랑 · 자유'가 어디까지, 얼마나 가능할까. 주위로부터 법정스님의 홀로 사는 삶과 까다로운 성격, 문필가적 면모를 둘러싼 이런저런 평가를 듣기도 한다. 입만 벙긋하면 어긋난다는 '개구즉착開口卽錯'이나 중국 당대 · 송대에 만들어진 용어 '불립문자不立文字'니 '염화미소拈

花微笑'에 올인하여, 분서갱유焚書坑儒하듯 싸악 문자들을 태워 버린다면 이 세상이 한결 좋아질까. 불법佛法에 대한 대중들의 다양한 눈높이, 진리에 대한 난청難聽, 낮은 해상도解像度의 시력은 또 어쩌랴.

선방에서 참선만 하는 분들은 펜대 굴리는 문필 작업을 아주 우습게 알 수도 있으련만. 나는 문자사리文字舍利를 진실을 드러내는 고귀한 매개로 본다. 대기설법對機說法이 필요한 경우, 당연히 언어에 기댈 수밖에 없다. 의언진여依言眞如—진여도 세속에 다가가서 읽히려면 '말에 기대서', '말로써' 나직이 천천히, 나긋나긋 조곤조곤 알기 쉽게 설명되어야 마땅하리라. 꼭 그래야 한다. 대중들을 위해서라면 '말에 기대서'라도 함께 저 언덕[彼岸]으로 가야 하리. 그래야 대중들도, 스님들을 따라서, 불법의 정수리[頂]에 오르며 미끄러져 내리지 않고 한 걸음 한 걸음 다가서지 않겠는가.

이 풍진의 끝자락에서, '대지大地'를 새로 읽다

이 풍진 세상의 무명 중생들은 죽어 땅에 묻히고서야 비로소 탐 · 진 · 치의 '삼독심'을 그친다. '독毒'은 잘 다스리면 '약藥'이 된다. 그래서 '독'자에 만물을 길러준다는 '양養 · 육育'의 의미도 있다. 죄나 업보가 구원의 근거(계기 · 단서)가 되듯이 말이다. 어쨌든 중생들의 '마음'에는 그런 '독'들이 덕지덕지 묻어 있다. "에이, 독한 놈들?"이라 하듯이, 숟가락 들 힘, 문지방 넘을 힘만 있어도 그저 탐 · 진 · 치의 고갱이가 스윽

~ 끈질기게 고개를 쳐든다. 하지만 독실한 수행자들은 어떤가. 염념보리심念念菩提心하여, 평소 욕망을 잘 여의며 살아간다. 처처處處가 안락국安樂國이다.

하지만 대지는 천하건 귀하건, 높건 낮건, 그 모든 것들을 다 껴안고 감싸준다. 선도 선으로, 악도 악으로 받아들이지 않는다. 모든 것을 중립으로, 이것저것을 분명치 않게, 중성의 무색 · 무채색으로 만든다. 뉴트럴neutral이다. 그래서 '무기無記'를 닮았다고나 할까. 그 힘은 한마디로 '스스로~저절로 그러한(自然)' 것이다. 절로절로 움직여 가는 힘이다. "산山 절로절로, 수水 절로절로, 그간에 나도 절로절로"의 힘에 노스탤지어를 느끼며 우리는 끊임없이 닿고자 한다. 틈만 나면 산도 타고, 물놀이도 하면서 절로절로 속에 기댄다. 산수를 사랑하는 덕성은 차츰 언덕으로 시선이 향한다. 그러다가 다리에 힘이 빠지면, 차츰차츰 눈높이를 낮춘다. 자기 가슴이나 아랫배, 무릎 높이의 작고 아담한 장소로 눈길이 향한다. 아예 땅바닥에 누우면 평지가 된다. 아니 그 이하의 낮고 깊은 '골', '굴' 속에 아예 숨으려 한다. 암굴暗窟 즉 무덤이다.

'산정-로고스'에서 저 낮고 깊은 '암굴暗窟-카오스'로

최승자는 『내 무덤, 푸르그』(1993)에서 읊었다.

내 무덤, 푸르고
푸르러져

푸르름 속에 함몰되어
아득히 그 흔적조차 없어졌을 때,
그때 비로소
개울들 늘 이쁜 물소리로 가득하고
길들 모두 명상의 침묵으로 가득하리니
그때 비로소
삶 속의 죽음의 길 혹은 죽음 속의 삶의 길
새로 하나 트이지 않겠는가. (「未忘 혹은 非忘」)5

무덤을 바라볼 때, 봉분은 잔디로 푸르니 '죽음 속 삶의 길'을, 지하의 함몰된 곳은 명상과 침묵으로 숨었으니 '삶 속 죽음의 길'을 은유한다. 그 높아지고-낮아짐, 밀고-당김의 힘, 긴장이 생성되는 곳이 무덤이다.

원형과 사각형, 그 기하학적 형식

법정스님이 쓴 한 구절이 눈에 띈다. "산중에 홀로 살면 사람은 청각이 아주 예민해진다. (…) 산중 은거자의 귀는 자신을 에워싸는 세계를 먼저 귀로 받아들인다." 그렇다. 대지의 움직임은 소리로 가득하다. 소리는 세계의 존재들이 알리는 소식 즉 그 움직임 · 속도 · 이동 · 위치이다. 그것은 귀가 알아차린다. 벌레들이 갖춘 감각 즉 '충감蟲感'을, 피부와 귀가 가지고 있다. 귀로 듣고 피부로 느끼는 청각적-촉각적인 것은 '여성적-에로스'를 상징한다. 이에 대해 시각은 빛과 관계되며, 새들이 눈으로 멀리서 바라보는 '조감鳥瞰'처럼, 눈이 담당하는 기하학적-시각적인 것으로, '남성적-로고스'를 상징한다.

산중의 암자 또는 언덕 위의 초가삼간은, 가만히 들여다보면, '산-집'이라는 삼각(→사각), '언덕-지붕'이라는 반원(→원)의 결합체다. 삼각-사각은 땅으로, 반원-원은 하늘로 연결된다. 하늘은 질서-로고스의 표상이다. 사람에게 둥근 머리=영혼에 해당한다. 사람 속의 하늘의 상징이다. 삶의 고음高音-높음-이상이다. 몸=신체는 사각형으로, 사람 속의 땅을 상징한다. 삶의 저음低音-낮음-현실이다. 하늘=원형[圓]=이상은 '머무름 없이 변화 · 순환하는 시간'을, 땅=사각형[方]=현실은 '안정된 일상의 현실 공간'을 은유한다. 현실의 삶은 늘 이상을 향한다. 지상의 꽃과 언덕도 바라보지만, 부단히 머리를 들어 저 하늘의 해와 달과 별을 쳐다보듯, 지상은 늘 천상으로, 사각형은 끝내 원형으로 수렴돼 간다. "마음은 항상 미래에 살고 현재는 언제나 슬픈 것"이라는 푸쉬킨의 말을 되새겨 본다.

헌데, 원형이란 무엇일까. 한마디로 '나 자신'이다. 중국 성리학의 에피스테메(=무의식적인 인식의 틀)를 이루는 저 염계濂溪 주돈이周敦頤(1017~1073)의 「터극도太極圖」에서, 태극이 둥근 원이 결국 갈래갈래 갈라진 만물들의 그것(둥근 원)이듯이, 호르헤 루이스 보르헤스Jorge Luis Borges(1899~1986)가 "달 혹은 달이란 말은 많으면서 하나인, 우리의 존재"라고 읊었듯이, 사람들이 찾아 나선 둥근 달이란 놀랍게도 나 자신의 '쌩얼'(화장하지 않은 얼굴) 아닌가. 수많은 호수나 시내에 비친, '많으면서' 그러나 결국은 '하나인' 달. 이처럼 갈래갈래 얽히고설킨 삶 속에서, 조각조각 너덜너덜 흩뿌려진 수많은 나. 그러나 끝내 닿고 보면 하나로 존재하는 나. '걸어도 걸어도 그 자리, 가도 가도 떠난 자리[行行到處, 至至發處]' 아닌가.

어쨌든 원형과 사각형이라는 두 기하학적 형식의 결합은 우주생명의 기본이자 '나=자아'의 기본 형식을 이룬다. '나'는 흘러가는 저 무정한 시간에 제한받고, 발 딛는 공간에 제약받는다. 쇼펜하우어(1778~1860)가 "나는 (…) 결코 공간의 바깥에 탈출할 수가 없고, 어디까지나 이 공간과 함께 간다. 그것은, 공간은 나의 지성에 부속하고, 두개골 속에 표상기계로서 갖추고 있기 때문이다(「지성知性에 대하여」)"라고 말한 대로, 인간은 '공간'과 함께한다. 한국인은 대한민국의 영토에서, 일본은 일본의 영토에서 자신의 몸을 정의하고 해석하고 제한하고 구속한다. 여하튼 시 · 공간은 인간을 제약하는 무의식적인 '형식'이다. 그래서 우리가, 알든 모르든, 시공간은 우리 스스로를 조정하는 불안하고 불편한 조건들이다.

이 가운데 시간의 제한 · 압박은 가장 우리를 불안케 한다. 그 최종적 불안은 죽음이다. 그래서 인간은 시간의 불안 · 불편으로부터 벗어나려 몸부림친다. 다음 글을 잠시 보자.

LIFE IS LIKE THE SEA. (…) ETERNAL. YET

THE LIFETIME OF EVERY WAVE IS BUT AN INSTANT. ALL I ASK IS (…) LET ME LIVE MY FULLEST BEFORE I CRASH TO THE SHORE.
삶은 바다와 같은 것. (…) 영원한 것. 그러나 파도의 삶이란 한순간일 뿐. 나의 바람이란 (…) 내 삶을 마지막까지 온전히 사는 것. 해안에 부딪혀 부서지기 전까지.

미국 일리노이주 서든일리노이대학 내의 호숫가 비석에 새겨진, 22세로 요절한 대학생 모라바Gary D. Morava(1952~1974)가 학창시절에 쓴 시이다. 파도로서의 삶, 해안에 가서 부서지기 전에 최대한으로 출렁거려 보고 싶은 삶의 힘. 이처럼 삶은 주어진 시간 내에 남김없이 태워야 할 불꽃이기도 하다. 여기에는 왠지 죽음에 대한 콤플렉스, 유한한 삶을 구박하고 닦달하는 느낌이 물씬 풍긴다. 시간에 대한 저항, 혹은 일탈. 아니면 의도적 망각 혹은 삭제를 원하는 인간의 얄팍한 마음들. 시간의 불안은 버리고, 공간은 덜 불안하니 그대로 두고. 뭐 이런 식이면, 둘 사이의 교란-어긋남-삐걱거림은 당연하다. 이것은 현재 우리 삶의 분열을 의미한다. 예컨대 현대예술에서는 원-원형과 사각-사각형의 형태 사이에 분열이 현저하다. 아닐라 야페가 말하듯이, "거의 관련이 없거나 대체로 엉성한 배치 속에서만 등장한다. 원과 사각형의 분리는 20세기 사람들의 마음 상태를 상징적으로 보여 준다." 다시 말해서 "현대인의 영혼은 뿌리를 잃고 분열의 위험에 직면한 것이다." 나는 이에 동의한다.

지상의 모든 둥근 형태들은 결국 태양의 원圓에 귀속된다. 무덤 · 구릉 · 언덕 · 산봉우리도 그런 연관과 계보 속에 살아 움직이며 의미를 갖는다. 조은은 『무덤을 맴도는 이유』(1996)에서 말한다. "알 수가 없다 / 내가 자꾸 무덤 곁에 오게 되는 이유 / 무덤 가까이에 몸을 둬야 / 겹겹의 모래 구릉 같은 하늘을 이고 / 나를 살게 하는 것들이 / 무덤처럼 형체를 갖는 이유"(「무덤을 맴도는 이유」, 80쪽)라고.6 무덤 · 모래구릉 · 하늘처럼, 순환의 고리를 갖고 있다.

산이나 언덕의 둥그스름한 곳이 더욱 더 낮아지면 모두 무덤으로 간다. 봉분으로 남았다가 그것마저도 평지로 변한다. 그 밑은 무엇인가. "백골白骨이 진토塵土 되어 넋이라도 있고 없고[白骨爲塵土 魂魄有也無](포은 정몽주의 「단심가丹心歌」)"의 경지, 혼돈(카오스)의 지하로 내려선다. 높은 산정-로고스에서 낮고 깊은 암굴暗窟-카오스로 향하는 것이다. 그곳은 융이 말하는 대로, '아래쪽-어두운 곳-심층-최하층-나(자아)를 잃어버림-물질성-화학물질-탄소-세계 자체'이다. 그곳은 13세기 페르시아의 신비주의 시인 루미Rumi가 읊은 「여인숙」처럼 모든 것을 환영하고 수용한다.

> 인간이란 손님이 머무는 집,
> 날마다 손님은 바뀐다네.
> 기쁨이 다녀가면 우울과 비참함이,

때로는 짧은 깨달음이 찾아온다네
모두 예기치 않은 손님들이니
그들이 편히 쉬다 가도록 환영하라!
때로 슬픔에 잠긴 자들이 몰려와
네 집의 물건들을 모두 끌어내 부순다고 해도
손님들을 극진하게 대하라.
새로운 기쁨을 위한 자리를
마련한 것일 수도 있으니.
어두운 생각, 부끄러운 마음,
사악한 뜻이 찾아오면
문간까지 웃으며 달려가 집안으로 맞아들여라.
거기 누가 서 있든 감사하라
그 모두는 저 너머의 땅으로
우리를 안내할 손님들이니.7

눈물겹다. 모든 것을 '손님으로 받아들이는-맞이하는' 땅은 성스럽다. 성토聖土라 해야 한다. 겹겹의 아우라를 가진 눈부신 저 땅의 침묵과 부름을 우리는 아는가. 누가 진짜 주인인가. 몸인가. 땅인가.

로고스는 '높이높이', 카오스는 '깊이깊이'

산은 높은 봉우리(산정), 어중간의 언덕이나 평지, 낮은 골짜기를 함께 가졌다. 깊은 산속에 산다는 것은 두 발의 한쪽은 '우뚝 솟아오름-삶'에다 다른 한쪽은 '깊이 잠김-죽음'에다 몸을 둔 것이다. 형체-질서와 비형체-카오스에 양다리를 걸치고 있는 것이다. 죽으면 서 있던 몸통들은 모두 산속의 땅에 묻힌다. 그래서 산속의 생활은 생과 사, 그 양면을 동시에 살아가는 묘한 방식이다. 법정스님은 이 대목을 짚어 둔다.

이제는 다시 산의 살림살이에 안주할 때가 되었다. 옛 선사의 법문에,

> 때로는 높이높이 우뚝 서고有時高高峰頂立
> 때로는 깊이깊이 바다 밑에 잠기라有時深深海底行

이런 가르침이 있는데, 안거 기간은 깊이깊이 잠기는 그런 때다. 그 잠김에서 속이 여물어야 다시 우뚝 솟아오를 수 있는 저력이 생긴다. 로고스는 '높이높이'를, 카오스는 '깊이깊이'를 지향한다. 살아서는 산의 정상 · 정수리처럼 우뚝 솟아 높아지고자 한다. 고고함의 표상이다. 그랬던 것들이 차츰 낮아져서 평지, 그것은 다시 그 이하의 어두운 곳으로 숨어 든다. 암굴이라는 고요하고 깊은 은폐와 말소의 경지를 향한다. 그윽하고도 또 그윽하다는 『노자』(왕필본) 제1장의 '현지우현玄之又玄'처럼, 카오스는 보다 더, 점점 더 깊은 곳(=심층)을 향해 가서 결국 '세계 그 자체'가 된다. 종교의 명상과 수행은 보통 이쪽으로 향한다.

흙과 땅, 기름[養]-묻음[葬]

그런데, 심층 세계를 담당하는 대지는 카오스 쪽에서 로고스를 분해 · 해체하기도 하지만 카오스를 다시 로고스 쪽으로 이끌어 재생 · 생성하는 힘을 갖고 있다. "흙은 땅이 생물들을 게워 내는 것이다[土地之吐生物者也]." (『설문해자說文解字』) 다시 말하면 "흙은 (생물들이 자라나는) 밭이다[土田也]." (『아아爾雅』) 중국 고대 신화 속에서 인간을 만들었다고 하는 여신 여와女媧는 이 세상에 하늘과 땅이 막 생겨나 인간은 없었던 때, 그 쓸쓸한 풍광을 가만두고 볼 수 없어, 누런 흙과 물을 섞어 진흙을 만들고 여기에 끈을 늘어뜨려 잡아당겨서 인간을 만들어 냈다고 한다. 인간은 죽어서 흙으로 돌아가지만, 처음 인간은 그 흙에서 나왔다. 흙과 땅은 중국 고대인들이 믿어온 저 '생유소양 사유소장生有所養 死有所葬(살아서는 양생이 있고, 죽어서는 매장이 있다)'이라는 가장 기초적 기능을 담당한다.

법정스님은 말한다. "대지의 맨살에 닿는 것은 좋은 일이다." "대지는 단순한 흙이 아니다. 흙 · 식물, 그리고 동물이라는 순환을 통해 흘러가는(움직이는) 에너지의 원천이다." "사람은 누구에게나 땅과 접촉하고 흙에 뿌리박은 삶이 필요하다. 인간의 삶은 자양분을 공급하는 흙으로부터 차단되면 살 수 없는 나무와 같다. 그러므로 모든 사람이 흙을 가꾸는 기회를 가져야 한다." 대지의 맨살(=살갗)은 늘 우리를 부른다. 흙은 죄를 지은 자이든, 탕자들이든 귀환하는 것들은 누구나 부드럽고 자비로운 손가락으로 어루만져서, 죄다 받아 준다.

흙의 세례로 인간은 세계의 에너지에 합일한다.

그렇다. 대지의 흙 없이는 생명은 누임–쉼–평온이라는 완결성을 얻지 못한다. 마무리는 흙이 한다. 안아 주고 쓰다듬어 주는 힘, 그것이 결국 우리를 깊은 곳으로 안내하고 감춘다. 땅의 감춤이라는 권능 즉 지장地藏은 힘이다. 계절에 춘하추동이 있듯, 땅에도 생生 → 장長 → 수收 → 장藏의 내공이 있다. 이 가운데도 주인공은 '장'이다. 생로병사生老病死 · 성주괴공成住壞空 · 생주이멸生住異滅에서 '사–공–멸'이 주인공이듯 말이다.

오스발트 슈펭글러Oswald Spengler(1880~1936)의 『서구의 몰락Der Untergang des Abendlandes』(1918~1922)에서 읽는 듯한, 퇴보–퇴락–몰락–소멸의 위기감을 느껴서는 안 된다. 슈펭글러는 말한다 : 역사에서 봄은 신화의 시대이며, 여름은 종교개혁이나 철학 · 수학의 형성기이다. 가을은 이 지적 성과의 계몽과 발전, 체계화의 시대이고, 겨울은 반대로 과학이나 수학이 쇠퇴하고 인생론적인 도덕만이 문제된 시대이다. 이 춘하추동의 사이클은 고대 호메로스 · 헤시오도스의 봄에서 피타고라스의 여름, 소피스트 · 소크라테스의 가을을 거쳐, 스토아학파나 에피쿠로스학파의 겨울 시대로 쇠퇴해 갔다. 마찬가지로 서양의 세계는 중세 스콜라의 여름, 루터나 갈릴레이 · 데카르트의 여름을 거쳐, 괴테 · 칸트 · 헤겔의 가을을 맞이하며, 최후에 마르크스나 쇼펜하우어 · 니체의 겨울에 이른다. 이 네 계절이 변화하여 결국 모든 것은 쇠퇴, 사멸해 버렸다는 프로세스는 누구도 바꿀 수 없는 자연의 섭리. 마찬가지로 사상의 역사도 맹목적인 섭리에 따라서 궁극에서는 몰락해 버리는 것으로 보았다. 그러나 이런 평가는 단면적이다. '시종始終'만을 읽었을 뿐, '종시終始'-끝은 다시 시작임을 모르고 한 말이다.

"죽음도 미리 배워 두어야"

흙은 시간을 견디는 모든 공간적인 것들의 기본형식이다. 아니 시간의 경과를 느리고 거칠게 보여 주는, 이른바 시간의 발자국이거나 상처 혹은 고통이다. 마치 바람이 자신의 움직임을 알아줄 '종(=풍경風磬)'이 없이는 자신의 존재 위치나 상태를 알리지 못하듯이. 아니, 바꿔 말하면, 종 또한 '바람' 없이는 자신의 아름다운 목소리나 자태를 드러내지 못하듯이.

무명풍도 이 육신 없이는 일어날 곳이 없다. 아니 이 육신도 무명풍 없이는 휘날릴 수 없다. 대지 위의 산천초목이라는 형체를 가진 '공간적'인 표현 없이는 위대한 무시무종의 시간도 그것을 기려 주고 챙겨 줄 형식이 없다.

산에는 꽃이 피었다 진다, 봄가을 없이. 시간은 그렇게 꽃이 '피고 짐'으로 자신의 영원한 모습을 주름잡아 분절하여서 보여 준다. 나무의 시간도 붉고 푸른 이파리로 보여 준다. 그것이 나무의 민낯=맨얼굴=본래면목이다.

이 풍진 세상의 풍광은 그저 증감도 없이, 공허 속을 출렁이는, 풍류일 뿐. 즐거움도 기쁨도 없이, 아름다움도 추함도 없이, 그저 출렁출렁 흔들릴 뿐이다. 이 풍진 세상 그 끝자락을 부여잡은 무덤 곁으로, 내가 가고 싶은 이유는 '아름다운 마무리' 때문이다. 법정스님의 말대로 '처음의 마음'으로 돌아가는 것, '초심'을 회복하는 일이다.

나는 누구이며, 순간순간 어디로 가는가를 짚어 보며, '홀로 서는 것'. 그러다가 끝내, '다 내려놓아야' 한다. 법정스님은 『아름다운 마무리』에서, "죽음도 미리 배워 두어야 한다"고 하며, 죽음의 의의를 밝힌다.

살아 있는 모든 것은 때가 되면 그 생을 마감한다. 이것은 그 누구도 어길 수 없는 생명의 질서이며 삶의 신비이다. 만약 삶에 죽음이 없다면 삶은 그 의미를 잃게 될 것이다. 죽음이 삶을 받쳐 주기 때문에 그 삶이 빛날 수 있다.

얼마 전 한 친지에게서 들은 말이다.

살아 있는 한 손발을 움직여야 한다. 허공 속에서 손발은 움직인다. 그 헛'짓'이 역사이다. 모든 '짓'에는 의미가 있고, 역사가 있다. 삶이 아름다운 것은 이 '헛짓', '무명의 바람' 무명풍無明風 때문이다. 그 사이에서 손짓 · 발짓 · 몸짓이 살아난다. 마치 새의 날갯짓처럼 말이다. 조지 오웰의 『동물농장』(1945)에서 "새의 날개는 추진기관이지 조절기관이 아니다. 따라서 다리와 같은 것으로 여겨야 한다. 사람만이 가진 독특한 특징은 손인데, 그것이 바로 모든 장난 짓을 다 하는 도구이다"라고 하듯이, 손은 삶의 날개이다. 그리고 마음의 나

래짓, 온갖 손짓이 입에서 수시로 튀어나오는 말 아닌가. 그러나 입만 벙긋하면, 그저 어그러지는 것들(開口卽錯). 어쩌랴, 실은 그 어그러진 것들도, 다 그렇고 그런 의미가 있는데. 그대로 좋다. 찰나생 · 찰나멸이 다 우주의 헛손짓 · 헛발짓 아닌가.

'불일암佛日庵', '법정스님 계신 곳'으로

광주대구고속도로(옛 88고속도로)를 달려 대구에서 '부처의 빛'이라는 이름의 암자 '불일암佛日庵'으로 향한다.

1932년 전남 해남에서 태어나 전남대 상과대를 다니던 중 출가한 법정스님은 효봉曉峰스님을 은사로 절 생활을 시작한다. 효봉은 "니는 부처님 가피로 세상에 태어났으니 불법 인연이 참으로 크다. 부디 수행을 잘해서 법의 정수리에 서야 한다"며, 법명을 법정法頂으로 내렸단다. '정수리'라. 한용운의 '님의 침묵'에서 말하는 "걷잡을 수 없는 슬픔의 힘을 옮겨서 새 희망의 정수박이에 들어부었습니다"의 '정수박이'(정수리의 강원도 사투리)다. 인간과 사물의 제일 꼭대기 부분을 말한다. 핵심-정곡-본질을 가리킨다. '불법의 정수리'라는 법명의 '법정'. 그리고 '부처의 빛'이라는 암자 이름 '불일암'은 서로 통한다.

송광사의 주차장에 도착하니, 아뿔싸 벌써 오후 4시다. 참배 시간이 '오전 8시~오후 4시'이니, '이미 늦었다'는 불안감이, 살짝 든다.

무소유길 팻말

산길 1.5㎞ 정도, 약간 가파르다 한다. 쉬엄쉬엄 30~40분은 걸어 올라야 할 듯. 신발을 벗어 들고, 맨발로 터벅터벅 불일암으로 가는 '무소유길'을 걸어 오른다. 요즘 나는 맨발로 걷기에 열중이다. 맨발은 대지와 하나되는 연습이다. 발의 촉각으로 대지를 읽을 수 있다. 땅의 성격과 소리, 우둘투둘하거나 거친 땅의 성정性情과 교감한다.

드디어 터널같이 컴컴하게 우거진 조리대나무 숲속을 지난다. 불일암이 나타난다. 그 안에 펼쳐진 사각형의 작은 텃밭, 그것을 둘러싼 아담한 법당, 자그마한 아래채와 해우소. 그게 전부다. 고요의 풍광 속을 키 큰 후박나무가 지키고 서 있다. 법정스님이 평소 좋아하던 벗이었다. 여행 후 돌아올 때마다 껴안아 주었다 하는데, 지금은 스님이 그 나무 아래 흙이 되어, 그 나무의 일부로 누워, 아니 거기 '안겨서' 있다. '법정스님 계신 곳', 바로 적멸의 터다.

스님의 예상대로 사람이 가고 난 뒤에도 대지 위에 꿋꿋이

서 있다. "며칠 전 불일암을 다녀왔다. (…) 30여 년 전 이 암자를 지을 때 손수 심어 놓은 나무들의 정정한 모습을 볼 때마다 뿌듯한 생각이 차오른다. 후박나무 · 태산목 · 은행나무 · 굴거리와 벽오동 등이 마음껏 허공으로 뻗어 가는 그 기상이 믿음직스럽다. 사람은 늙어 가는데 나무들은 정정하게 자란다. 사람이 가고 난 뒤에도 이 나무들은 대지 위에 꿋꿋하게 서 있을 것이다. 내 마음을 전하기 위해 한아름이 된 후박나무를 안아 주었다."

스님은 자연의 도반 후박나무 밑에 묻혔다. 거기 계신다. 아니 그것은 후박나무일 뿐, 아니 땅일 뿐, 사실 스님은 거기 계시지 않는다. 다만 그런 알레고리를 통해서, 스님은 그렇게 거기 계신다. '후박厚朴'은 인정이나 덕망이 '두텁고' '질박하다'(=거짓이 없다)는 뜻이다. 그래서 후박은 자연의 표상이고 대지의 품성을 뜻한다. 떨어진 나뭇잎을 이불처럼 덮고, 흙과 나무뿌리를 속옷으로 껴입고, 해와 달을 가로등 삼아, 거기 그렇게 살아 있는 것들은 다 후박이리라. 법정스님은 따로 임종게를 남기지 않았다. "장례식을 하지 마라. 사리를 찾지 마라. 재는 오두막의 꽃밭에 뿌려라"던, 장례 절차에 대한 유언이 임종게가 되었다.

이 대목에서 생각나는 것이 있다. 장자莊子가 죽으려 하자, 제자들은 그를 성대히 장사지내려 하였다. 그때 장자가 말하였다. "나는 하늘과 땅을 관과 겉관으로 삼고, 해와 달을 한 쌍의 구슬 장식으로 삼고, 별자리를 진주와 옥 장식으로 삼

불일암 후박나무 아래는 '법정스님 계신 곳'으로 대나무 난간이 둘러 있다.

고, 만물을 부장품으로 삼으려 하니, 나의 장구는 이미 다 갖추어진 것이 아닌가? 여기에 무엇을 더 보태겠느냐?" 그러자 제자들이 말하였다. "저희들은 까마귀나 솔개가 선생님을 먹어 버릴까 두렵습니다." 다시 장자가 말하였다. "땅 위에 놓아두면 까마귀와 솔개가 먹을 것이고, 땅 아래에 묻으면 개미들이 먹을 것이다. 이쪽 놈이 먹는다고 그것을 빼앗아 딴 놈들에게 주는 셈이다. 어찌 그렇게 편벽되게 생각하느냐?"

생사를 넘어서는 것은 시공간을 벗어 버리는 일이다. 상대적 세속의 세계를 넘어서는 일이다. 절대의 세계는 비어 있다. 거기로 들어가려면, 다 놓아두고, 텅 비워야 한다. "놓아두고 가기! 때가 되면, 삶의 종점인 섣달 그믐날이 되면, 누구나 자신이 지녔던 것을 모두 놓아두고 가기 마련이다. 우리는 빈손으로 왔다 빈손으로 가는 나그네이기 때문이다. 미리부터 이런 연습을 해 두면 떠나는 길이 훨씬 홀가분할 것이다."

시계-시간으로부터의 자유

법정스님은 시간에 예민했다. 특히나 예전 시계에서 흔히 듣던 그 째깍대는 시침 움직이는 소리나 시끄러운 괘종시계 소리를 싫어했다. 어린 시절부터 스님은 시계에 대한 불안감이 있었던 것 같다. 불일암에 살 때에도 그랬다. 아무리 디자인이 맘에 드는 시계라 하더라도,

불일암 앞 법정스님 사진과 빠삐용 의자 및 방명록

‘째깍째깍’ 소리가 나면 모두 산 아래로 내려보내거나 소리가 나지 않게 건전지를 빼 두었다고 한다. 시간에 붙들림-묶임을 벗어나 ‘시간 밖에서’ 살고 싶었던 것이다.

그 모든 얽매임으로부터 벗어나 홀로 사는 삶, 초연히 단독자가 되는 삶은 곧 홀로 서는 것이다. “‘홀로’라는 말은 어디에도 매이거나 물들지 않고, 순진무구하고, 자유롭고, 부분이 아니라 전체이고, 그 무엇에도 흔들리지 않음을 뜻한다.” 홀로가 되는 자발적 고독은 자유를 위한 것이다. 마음의 가난 즉 무소유를 향한 것이다. “무소유란 모든 것으로부터 자유로워지는 것이다. 흔히 무소유를 물질을 갖고 안 갖고의 관점에서 이해하는데, 무소유란 물질 위주의 생활에서 존재 중심으로 이동하라는 뜻이다.” 소유적 삶에서 존재적 삶으로의 이동은, ‘가지려는 마음’에서 ‘모든 있는 것들과 함께 있고-마주하며-바라보고-즐거워하는 마음’ 상태로의 이동을 뜻한다.

안 계시되 계시는, 저 ‘흰 고무신’의 무게

불일암의 후박나무 아래 ‘법정스님 계신 곳’과 마주한 암자 벽에는, 스님이 웃는 사진이 걸려 있고, 그 아래 유명한 빠삐용 나무 의자. 그 위에 방명록과 기념용 책갈피가 있다. 유독 눈에 띄는 뒤꿈치 부분이 살짝 해진 흰 고무신. 살짝 눈물이 난다. 십 리 길 신작로를 걸어 통학하던 내 어린 시절의 검은 고무신도, 읍내 시장길을 걷던 내 할머니의 흰 고무신도, 가난했던 시절 시골길의 모든 신발들이 주마등처럼 스쳐 지나간다. 그 신발의 아우라는 모두 복제가 불가능한, 유일한 것이다. 법정스님의 흰 고무신에서 그것을 새삼 떠올린다. 대용품이 있을 수 없는 단 한 켤레의 신발, 미당 서정주의 시 「신발」에서 만나는, '잃어버리고 말아 다시 돌아올 길 없는', 그 신발 말이다.

> 나보고 명절날 신으라고 아버지가 사다 주신 내 신발을 나는 먼바다로 흘러내리는 개울물에서 장난하고 놀다가 그만 떠내려 보내 버리고 말았습니다. 아마 내 이 신발은 벌써 변산邊山 콧등 밑의 개 안을 벗어나서 이 세상의 온갖 바닷가를 내 대신 굽이치며 놀아다니고 있을 것입니다.
> 아버지는 이어서 그것 대신의 신발을 또 한 켤레 사다가 신겨주시긴 했습니다만, 그러나 이것은 어디까지나 대용품일 뿐, 그 대용품을 신고 명절을 맞이해야 했었습니다.
> 그래, 내가 스스로 내 신발을 사 신게 된 뒤에도 예순이 다 된 지금까지 나는 아직 대용품으로 사 신는 습관을 고치지 못한 그대로 있습니다.7

복제가 불가능한 신발은 사실 삶과 죽음이라는 길의 중앙분리선이라고 할까. 신고 있으면 삶을, 벗고 있으면 죽음을 뜻한다. 그만큼 신발에서 우리는 스스로의 삶이 갖는 의미, 그리고 자신이 감당해야 할 관계들에 대한 책임감 등 이중 삼중의 무게를 느낀다. 스님의 신발은 수행자인 자신에 대한, 구제해야 할 중생들에 대한 무게를 짊어진 신발이리라. 그 해진 신발에서 발을 뺐다는 말은 이 지상을 떠났다는 말. 그런 시공간을 버렸다는 말이다.

불일암 앞에 놓여 있는
생전의 법정스님 고무신

이쯤에서 박목월의 시 「가정」을 생각한다.

(…)

미소하는
내 얼굴을 보아라
얼음과 눈으로 벽을 짜 올린
여기는
지상.
연민한 삶의 길이여.
내 신발은 십구문 반.
아랫목에 모인
아홉 마리의 강아지야
강아지 같은 것들아.
굴욕과 굶주림의 추운 길을 걸어
내가 왔다.
아버지가 왔다.
아니 십구문 반의 신발이 왔다.
아니 지상에는
아버지라는 어설픈 것이
존재한다.
미소하는
내 얼굴을 보아라.[9]

지상에는 아버지라는 어설픈 존재가, 구문 반의 책임감으로, 웃으며 '굴욕과 굶주림의 추운 길을 걸어'서 온 것이다. '내가 왔다./아버지가 왔다'는 대목에서 울컥 눈물이 난다. 수행자의 신발도 그런 신발 아닌가. 아버지가 온 것이 아니라 '구문 반의 신발'이 '온 것'이다. 그런 의미가 성큼성큼, '굴욕과 굶주림과 추운 길'을 '걸어서' 왔던 것이다.

수행자는, 아니 삶의 주인공들은 그런 길을 홀로 걸어서 왔다 간다.

"간다, 봐라!"

최근에 나온, 법정스님의 사유 노트와 미발표 원고를 모은 『간다, 봐라』라는 책을 읽었다. 그 앞머리에 실린 내용이다. "스님 임종게를 남기시지요"라고 하니, 법정스님 왈, "분별하지 마라. 내가 살아온 것이 그것이니라. 간다, 봐라."

잠시 이형기의 시 「낙화」를 생각했다.

> 가야 할 때가 언제인가를
> 분명히 알고 가는 이의 뒷모습은
> 얼마나 아름다운가

완전한 자포자기, 단순성, 창조적인 아름다움

떠날 수 있는 마음은 '완전한 포기'를 말한다. '완전한 자포자기', '기꺼이 단념하는 마음'이다. 법정스님은 말한다. "어떤 것을 얻기 위해서 무엇을 포기한다면 그것은 진정한 포기가 아니다"라고. 즉 "포기란 보다 큰 것을 위해 작은 것을 기꺼이 단념하는, 구도자에 의해서 수행되는 가장 현명한 길이다. 그것은 영원한 기쁨을 위해 덧없는 감각적 쾌락을 포기하는 것이다."

결국은 '완전한 포기'로 가야 한다. 다 내려놓는 것, 그 '단순성'에서 내면의 아름다움, 창조적인 아름다움이 드러난다. "내면의 아름다움을 지니기 위해서는 완전한 포기가 있어야 한다. 무엇에도 잡히지 않고 아무 부담이나 무슨 방어 또는 저항이 없는 감정. 소박함이 깃든 포기에서 나온 단순성이 창조적인 아름다움을 가져온다."

천지자연과 하나 되는 마음은, '소유적 삶'에서 '존재적 삶'으로의 이동이다. 무심에서, 무심결에서, 무관심한 관조에서 세상을 새로 바라보고 만나는 일이다. "완전한 자포자기와 함께 나무나 별, 또는 반짝이는 강물을 보는 마음만이 아름다움이 무엇인지 알며, 그리고 '우리가 정말 보고 있을 때 우리는 사랑의 상태에 있다'"는 스님의 말처럼, 온전한 존재적 삶은 '세상을 여윈 마음'이다. '존재'='있는 그 자체'들과 하나가 되는 것, 존재와 마주하는 것, 존재와의 사랑의 상태로 들어가는 것은, 바로 죽음에서 세상을 바라보는 눈을 갖는 것이다. '영원의 관점'에 서 보는 일이다.

2. '사死, 죽다'-죽음이란 무엇인가?

'메멘토 모리', 죽음을 기억하라!

'死(죽을 사)'자는 '歹(알: 부서진 뼈)'과 '匕(비: 人의 변형태)'의 합성이다. 사람이 죽은 뒤 앙상히 뼈만 남은 모양을 나타낸다. 넋魂(정신)은 나가고 얼魄(골육)이 흩어진 것인데, 결국 이것마저 흙 · 먼지(塵土)가 된다는 것이 동양적 사고이다.

해인사 비림

'사死' 외에도 죽음을 뜻하는 글자에는 '망亡', '졸卒', '몰沒', '서逝', '거去', '붕崩', '유孺', '요夭', '절折', '열반涅槃' 등이 있다. 각각 죽음의 의미 내용이 다르다.

"죽음을 기억하라!" 라틴어로 메멘토 모리Memento mori. '네가 반드시 죽는다는 것을 기억하라!'는 이 경고 섞인 말은, 우리 식으로는 "화무십일홍花無十日紅, 달도 차면 기운다"이리라.

우리는 앉으나 서나 삶을 생각한다. 그러나 그렇게 보일 뿐, 사실은 앉으나 서나 삶의 종말인 '죽음'의 부름·손짓에 불안해하고 있다. 죽음은, 삶 그 내부에 잠복해 있으면서 가끔 고개를 쳐들고 '나 여기 있소!'라며, 존재를 과시한다. 일회적이고 유한한 삶의 시간과 의미를 성찰하도록 끊임없이 닦달하는 '마지막 어휘final vocabulary'다. "젊은 날엔 젊음을 모르고 사랑할 땐 사랑이 보이지 않았네(이상은 노래, 「언젠가는」)"라는 노랫말처럼, 살아 있을 때는 삶을 잘 모른다. 삶이 잘 보이지 않는다. 젊은 날에는 죽음의 투시점이 멀다. 죽음 앞에 서 보려는 마음도 없거니와 개념 자체가 생소하고 막연하다. 하지만 잘 보이지는 않으나 상상해 보면 마치 얼굴에 복면을 한 강도처럼, 무섭고 불안하기만 하다. 그 앞에만 서면 어질어질하게 '정신적 경련mental cramp'이 일어난다.

죽음에 투시점이 가까워질 때는 언제일까. 청춘의 봄날은 아니다. 병들거나, 나이가 들어 늙어 가는 황혼기이다. 어쩔 수 없이 그놈(=죽음)의 목소리가 들리고, 얼핏얼핏 저승의 어둠이 깔려오기 시작할 때 인생의 허무감을 느끼게 된다. '무한 절대 시간'[=天]③ 속의 삶은 찰나이다. 그래서 불안하다. 밝지 않고 어둡다고 느낀다(*번호는 논의 전개를 위해 필자가 임의로 붙인 것임. 이하 같음).

고대 인도인들은 『바가바드 기타』나 『밀린다팡하』에서 말하듯, 몸은 '아홉 개의 구멍이 난 상처'로 보았다. 그 상처를 다독다독 달래다가 떠나는 것이 삶이다. 몸은 상처이고 아픔이기에 끊임없는 달램-보살핌을 통해서 치유된다. 그런 수행의 끝은 죽음이다. 산다는 것은, 태어난 순간부터 죽어 가고 있다는 것, 그래서 우리는 언젠가 '이 지상'[=地]②에서 '죽어가야 할 자'[=人]①임을 알아차려야 하는 한계상황에 있다.

죽어야 할 자, 어디에 있나? 삶에는 반드시 죽음이 있다. 참 얄궂다. 성철스님의 상좌 원택스님은, 죽음을, "문이 닫히는 순간 (…) 이쪽 세계도 모르고 저쪽 세계도 모르는 순간"이라 하고, "문이 닫히면 기억하고 챙길 겨를이 없"으니 결국 삶은 "다 내려놓아야 한다"고 했다.

한용운은 시 「나의 길」에서 이렇게 읊었다. "이 세상에는 길도 많기도 합니다. / 그러나 나의 길은 이 세상에 둘 밖에 없습니다. / 하나는 님의 품에 안기는 일입니다. / 그렇지 아니하면 죽음의 품에 안기는 길입니다. / 그것은 만일 님의 품에 안기지 못하면 다른 길은 죽음의 길보다 험하고 괴로운 까닭입니다. / 아아, 나의 길을 누가 내었습니까. / 아아, 이 세상에는 님이 아니고는 나의 길을 낼 수가 없습니다. / 그런데 나의 길을 님이 내었으면 죽음의 길은 왜 내셨을까요." 여기서 님은 삶과 죽음을 주관하는 자이며, 다른 말로 하면 신비로운 '우주적 섭리'[=道]④이다.

법정스님은 '간다, 봐라'하고 세상을 떠나 송광사 불일암의 후박나무 아래 묻혔다. 간명하게 삶의 종말을 여실히 보여주고, 우주 자연의 '무한 절대 공간'[=地] 속 일부로 자리했다. 결국 인간은 '죽어 가야 할 자'[=人]로서, '무한 절대 공간'[=地]과 '무한 절대 시간'[=天] 속에서, 경이로운 '섭리'[=道]의 절로 절로 그러한[=自然] 운동 속에 놓여 있다. 이처럼 삶은 〈인人① ⊂ 지地② ⊂ 천天③ ⊂ 도道④〉식으로, 서로 '겹쳐-머금고' 있는 것이다.

이 대목을 노자는 "인법지人法地, 지법천地法天, 천법도天法道, 도법자연道法自然"이라 했다. '죽어야 할 인간은, 땅이라는 공간에 따라 규정되고, 또 공간은 시간에 따라 규정되고, 다시 시간은 우주의 무한한 자기규율성에 따라 규정되고 있다'는 뜻이다. 아울러 노자는 인-지-천-도를 '무한 우주'[域] 속에 존재하는 '위대한 네 구성요소'라 하였다[域中四大]. 그릇 속에 그릇이 겹쳐 들어간 겹겹이 상자, 인형 속에 인형이 5겹 6겹으로 숨어든 목제 러시아 인형 마트료쉬카를 생각해 보자. 겉의 인형은 '죽어야 할 인간'이라 보면, 그 속엔, 보이지 않으나, '시간+공간+우주의 섭리'를 서로 겹쳐 머금고 있는 것이다. 어느 하나를 말하면, 그 나머지 셋이 그 속에 들어 있다. 하이데거도 우리가 존재하는 세계를, 〈①땅 ②하늘 ③신성한 것 ④죽을 자〉의 넷으로 보고 이것을 '사방Geviret'이라 하였는데, "인간은 사방-내-거주자이며 어느 하나를 말하면 나머지 셋은 그 속에 겹쳐 있다"고 본다. 어쩐지 노자와 흡사하다.

'삶의 진정한 스승' 죽음, 거기로 가는 길

노신은 에세이집『무덤(墳)』의 후기에서 말한다. "중국에는 대개 청년들의 '선배'와 '스승'이 많은 것 같은데, 그러나 나는 아니며, 나도 그들을 믿지 않는다. 나는 다만 하나의 종점, 그것이 바로 무덤이라는 것만은 아주 확실하게 알고 있다. 하지만 이는 모두가 다 알고 있는 것이므로 누가 안내할 필요도 없다. 문제는 여기서 거기까지 가는 길에 달려 있다. 그 길은 물론 하나일 수 없는데, 비록 지금도 가끔 찾고 있지만 나는 정말 어느 길이 좋은지 알지 못하고 있다." 죽음은 누구나 가야 할 길이다. 문제는 거기로 가는 방법이다.

그 길은 아무도 협력하거나 구원해 주지 못한다. 홀로서 뚜벅뚜벅 걸어가야 한다. 세존이 수보리에게 "나는 그렇게 많은 일체중생을 무여열반無餘涅槃(남김 없이 온전한 열반. 즉 '죽음')으로 인도했다. 그러나 사실 내가 그렇게 한 것은 하나도 없다"고 시치미를 뚝 뗀다. 이처럼 생로병사는 오롯이 자기가 감당해야 할 일이다. 아무도 도와줄 수 없다. 생로병사의 섭리는 노자가 말한 '도법자연'처럼, 그냥 절로절로 그렇게 그렇게, 움직여 가는 것이다. 누가 손을 대서 그런 것이 아니다. 아무도 그 흐름을 막아 줄 수 없다.

장자는 인간의 삶을 종기나 혹같이 보았다. 산다는 것은 고단하게 거꾸로 매달려 있는 것이며(倒懸) 죽음은 그 상태에서 풀려나는 것(懸解) 즉 해방이다. 만물들의 본래 고향인, 형체도 없고 기운도 없는 '무無'로 돌아가서, 푹 쉬는 것이다(息我以死). 그러니 죽음은 슬퍼할 것이 아니라 축하해야 할 일이고 기뻐해야 할 일이다. 죽음을 싫어하는 자는 죽음을 싫어하는 것은 어려서 고향을 뛰쳐나와 타향에서 방랑하며 집으로 돌아갈 것을 잊은 자와 같은 것이라 보았다. 장자는 부인이 죽었을 때, 눈물을 흘리는 대신 두 다리를 쭈욱 뻗고서 동이를 두드리면서 노래를 불렀다. 그에게 죽음은 우주적 섭리이며, 삶을 안식케 하는 축복이자 빛이었다. 죽음 앞에서 소크라테스는 농담을 했고, 카토스는 자신의 장기臟器를 번롱翻弄했고, 에피쿠로스는 죽음 자체에 휘둘리지 않고 죽어 가면서 와인을 꿀꺽꿀꺽 마시는 등 편안하게 즐겼다고 한다.

죽음도 삶도 만들어진 상想

『티벳 사자의 서』에서는 잘 죽어 가는 방법을 자세히 기술하고 있다. 어느 정도 나이가 들면 죽어 가는 연습을 해야 한다. 몽테뉴는『에세』에서 죽음을 준비하는 방법 세 가지를 말한다: ① 아예 외면하고 등을 돌리다가 죽음의 그 짧은 순간이 지나가길 기다리기 ② 앉으나 서나 죽음을 생각하며 대비하기 ③ 죽음에 대한 그릇된 상상이나 잘못된 관념='독사

doxa'를 벗어나, 제대로 된 바른 앎='에피스테메episteme'를 갖기이다.

①은 보통 사람들이 흔히 생각하는 방식이리라. ②는 죽음과 맞붙어서 용기를 가지고 생각하고, 준비하며, 나아가서는 그것에 대해 철학하는 것이다. 이런 지혜를 통해 죽음에 맹목적으로 굴종하지 않고 자유롭게 될 수 있다. ③은 죽음을 전망하는 정확한 위치를 확보하고 그 면전에서 눈알을 응시하며 남의 이야기 먼 나라 이웃나라 이야기가 아니라 내 이야기로 알아차리는 것이다. 일반적 죽음 이야기가 아니라 나의 특수한 진지한 문제로 바뀐다. 남들이 '카더라'는 흔한 보통의 이야기가 아니라 '내 발등의 불'로서 진지하고 특수한 문제로 바뀐다. 그래서 그것을 알아 가며, 그것과 친해지며, 그것과 화해하는 길로 나아간다.

몽테뉴는 '탄생의 첫날이 죽음의 첫날'이라 생각한다. 이럴 때 죽음은 멀리서 어렴풋하게 보여서 불안감 · 공포감만 커지며 마치 복면한 강도 같은 환영을 가져오지 않는다. 죽음에 대한 '상相=想', 이미지이다. 인간이 만들어 낸 개념이다. 상(=개념)이 우리를 무섭게 한다. 『금강경』에서는 삶도 없고 죽음도 없으며, 열반도 없고 번뇌도 없다고 하였다.

죽음은 어둠? 빛?—외천명에서 낙천명으로

이렇게 해서, 삶의 영역 내에서, 자신의 생각과 판단과 지성으로 죽음을 제대로 바라볼 수 있는 거리와 위치를 확보하게 된다. 그러면 편견 없이, 삶이 어차피 이행해 가야 할 자연스런–당연한–올바른 이해를 할 길이 열린다.

그 결과 죽음은 어둠=불안=거부의 대상이 아니라 빛=안심=수용의 대상으로 바뀐다. 동양에서는 이런 것을 '지천명知天命(천명을 앎)'에서 '외천명畏天命(천명을 두려워함)'으로, 외천명에서 '낙천명樂天命(천명을 즐김)'으로의 전환으로 인식한다. 천명은 자연의 섭리가 만든 운명 혹은 숙명을 말한다. 인간의 힘으로는 어쩔래야 어쩔 수 없는 사태를 말한다.

죽음을 수동적으로 망상하는, 그 꽁무니나 뒤따르며 불안해하는, 무섭고 두렵고 차갑고 우울한 것이 아니다. 능동적으로 주체적으로 제대로 이해하면, 그 면전에 서서 바라보며 심지어 그를, 비껴가는 것이 아니라, 추월해 갈 수 있는 힘을 가지게 된다. 죽음을 나 자신의 주체적 문제로서 바꾸고, 죽음에 대한 독해력, 그것을 바라보는 안목의 해상도를 높여가야 한다. 그럴 때 죽음은 따뜻하고 명랑하고 유쾌하며 해학적이며 밝은 것이 된다. '피할 수 없으면 즐겨라!' 섭리를 즐기는 '낙도樂道'이다. 이것은 죽음을 결정론적 차원에서 자유의 차원으로 전환하는 일이다.

어쩌다 죽음에서 제대로 죽기

기계는 죽음이 없다. 해체되고 사라질 뿐이다. 가끔 영화 속에서는 깨닫고 스스로 죽을 수 있는 인공지능이 있긴 하나 현재까지는 공상이다. 마찬가지로 동물에게도 죽음이 없다.

'동물들은 죽음을 죽음으로서 제대로 경험하지 못한다. 그래서 동물은 제대로 죽지 못하고 사라지거나 나자빠지거나 내팽겨쳐질 뿐'이라고 철학자들(하이데거 · 데리다)은 생각한다. 너무 인간 중심적인 이해 방식일 것 같으나, 일단 동물들이 주체적으로 죽음을 생각하고, 느끼고, 이해하지 못한다는 말에 동의한다. 인간은 동물과 다르게 어쩌다 사라지는 것이 아니라 제대로 죽어갈 수 있다. 죽음을 제대로 알고, 잘못된 관념(=독사)을 벗어나 제대로 된 바른 앎(에피스테메)을 확보할 수 있기 때문이다.

후박나무 아래
'법정스님 계신 곳'

'카르페 디엠', 현재를 즐겨라!

라틴어의 카르페 디엠, 즉 '현재를 즐겨라!'는 것은 동서양이 통한다. 죽음에 대해 그릇된 상상, 잘못된 관념을 벗어나 제대로 된 바른 앎을 가지고 사는 연습은 생애의 주요 일과로서 매일매일 이루어져야 한다. 그래서 죽음의 불안 · 공포로부터 자유로워져야 한다.

이렇게 되면 죽음의 의미를 자발적 · 능동적으로 음미하면서, 순간순간의 자각 속에서, 삶을 더욱 진지하고 탄탄하게 살아가는 촉진제로 활용할 수 있을 것이다. '의미'란, 하이데거에 따르면 '알고 있고, 해명할 수 있으며, 말로 표현할 수 있는 것'이다. 그렇다면 죽음을 제대로 알고 있고, 제대로 해명할 수 있으며, 자신의 말로 이야기할 정도라야 '죽음의 의미'를 제대로 안다고 하겠다. 이때 비로소 하이데거의 말대로 '제대로 죽을 자격', '제대로 죽을 능력'을 갖게 된다. 신비로운 죽음 속으로 홀로 뚜벅뚜벅 그 의미를 곱씹어 가며 걸어 들어가는 연습은 죽을 능력, 죽을 자격증을 갖기 위한 것이다.

내 삶의 진정한 고향으로 가는 길은 처음 가는 길이자 낯선 길이리라. 그곳은 미지의 땅이기에 어둠 · 불안 · 공포 · 종말로 상상되기 쉽다. 그러나 자연의 섭리라는 제대로 된 앎을 통해, 우리는 죽음으로부터 적대적인 관계가 아니라 필연적이고 자유로운 입장에 설 수 있다. 그것은 남의 이야기가 아니라 궁극적으로 나 자신의 본질적인 문제이다. 그 주체적인 해명 속에서, 죽음은 빛 · 평온 · 안정이라는 관점으로 전환된다. 우리 삶의, 신비한 다른 한 차원이 죽음의 이해 그 깊은 곳에 묻혀 있다. 처처안락국處處安樂國! '발 내딛는 곳마다 안락국'으로 인식 전환 말이다.

민병갈閔丙渴(1921~2002)

한국 최초의 사립수목원 설립자

민병갈의 유해가 안치된 목련나무. 귀화 미국인 민병갈은 천리포수목원을 조성하여 일평생 나무만을 자식처럼 사랑하면서 가꾸었다. 그는 나무와 결혼했고, 평생 나무만을 키웠다. 곧고 곧은 나무들을…….

1. 나무와 살다 나무에 묻히다

'무無'의 '덤'

무덤은 한 인간의 지나간 시간의 흔적을 싸악 묻고 지워 버린다. 망자는 살아서 꾸민 삶의 공간과 결별하고, 새로 꾸며진 죽음의 공간에서 살아간다. 무덤은 고요와 침묵 · 무언으로 있다. 그러나 살아 있는 자들을 통해서 자신에 대해 대신 말하도록 내버려 둔다. 그렇게 망자는 산 자들에게 자신을 다시 쓰고 말하도록 닦달하는 것이다.

무덤은 낡은 것들을 부정하고, 낯익었던 일들을 괄호로 묶어 지난 시공간과 결별 · 부정하는 동시에 또 다른 차원에서 망자를 만나 긍정하도록 한다. 살아서 미처 살피지 못했거나 느끼지 못했던 그사람의 삶은 다른 차원에서 의미가 살아나고 스토리텔링된다. 이처럼 무덤은 '은폐-소거의 공간'인 동시에 '천명闡明-창조의 공간'이다. 그렇다. 죽은 자에게는 잊지 않고 기억을 해 주게 하는 '추억과 기억의 장치'이고, 산 자에게는 죽은 자를 통해서 자신의 죽음을 생각하는 '전망과 성찰의 장치'이다.

죽은 자가 산 자를 불러 모으고, 산 자가 죽은 자를 호출하는 우리의 전통 무덤 형식은 반원의 봉분='곡선', 수직의 비석='직선'으로 이루어진다. 봉분 위로는 하늘이 원형을, 아래로는 관이 사각형을 보여 준다. 땅[地]이라는 자연으로 돌아가는 우리 전통의 토장土葬은 수장水葬 · 화장火葬 · 수상장樹上葬 · 조장鳥葬 등과 달리 천원지방天圓地方 즉 시간(←원형=천원) + 공간(←사각형=지방)을 추상적 형태로 껴안고 있다. 물론 이런 기하학적 묘의 기획은 산 자들의 몫이나, 아름다운 산천에 상처를 만들고 심지어는 보기 싫은 흠집이 되기도 한다. 화장하여 수목장으로 만드는 추세가 자연스레 자리 잡는 것은 친환경적이며 바람직하다고 본다.

죽은 자는 말이 없다. 그를 스토리텔링하는 자는 산 자이다. 무덤은 그 사람이 차마 못다 한 삶의 이야기를 산 자를 통하여 마저 다 털어놓고, 얘기하며, 완성케 하는 공간이다. 누구나 편히 볼 수 있는 '그 사람의' 공개된-추상적 의미의 공간이다. 이래서 무덤은 살아 있는 자들이 망자를 항상 만날 수 있도록 기획한, 공공적 예술공간이나 놀이공간이라 해도 좋다. 어릴 적 나는 뒷동산 묘지의 잔디에서 얼마나 많이 뛰어놀며 즐거워했던가. 봉분을 뛰어넘고, 비석에 올라타고 매달리며…….

무덤은 빈손으로 왔다 빈손으로 가는, '무無'에서 건져 올린 '덤'이다. 자, 여기서 우리는 '어떻게 살 것인가'를 되물을 수 있어야 한다. 그래서 '무의 덤'에서 삶의 의미를 얻어 내야 한다.

누구나 알고 찾아가는 무덤, 진정한 스승

삶은 지상 위에서 번잡하고-시끄럽고-바쁜 구체적-상대적 공간에 머물러 있다. 죽음 이후에 등장하는 무덤은 그런 상대적 공간을 벗어나, 고요-영원-절대의 공간으로 바뀐다. 이것은 다시 시간이 지나면 단순한 이미지로, 기록으로, 기억으로, 인상적인 선명한 실루엣만 남기며 추상화된다. 추상화되면 추상화처럼 '휙 스쳐 지나가는' 진실만을 부호나 기호처럼 살려 둔다. 그것은 살아 있던 자들의 에스프리만 간추려 놓은 '종요宗要'이다. 죽은 뒤에 아우라를 되새김질하는, 또 다른 추상적 공간이 '상대적 → 절대적' 공간 다음으로, 무덤에서 생성된다. 우리가 알든 모르든, 공간의 '상대적 → 절대적 → 추상적' 과정이 무덤에 있다. 우리는 어차피 그 길을 찾아가고 있다. 모두 다 제 발로, 뚜벅뚜벅 걸어서.

『금강경』에서 세존이 수보리에게 말한다. "나는 모든 사람들을 구제해 줬다 생각하겠지만, (ㅠㅠ 미안혀) 사실은 단 한 사람도 내가 구제해 준 적이 없거든!" 이런 고백처럼, 누구나 아무런 다른 도움 없이, 스스로 터벅터벅 그 종점(죽음)을 향해 나아가고 있는 것이다. 자신의 힘으로, 죽음 앞에 무릎을 꿇는다. 무덤, 그 스승 앞에. 노신은 『무덤』(墳)이라는 에세이집의 후기에 이렇게 썼다.

> 중국에는 대개 청년들의 '선배'와 '스승'이 많은 것 같은데, 그러나 나는 아니며, 나도 그들을 믿지 않는다.

> 나는 다만 하나의 종점, 그것이 바로 무덤이라는 것만은 아주 확실하게 알고 있다. 하지만 이는 모두가 다 알고 있는 것이므로 누가 안내할 필요도 없다. 문제는 여기서 거기까지 가는 길에 달려 있다. 그길은 물론 하나일 수 없는데, 비록 지금도 가끔 찾고 있지만 나는 정말 어느 길이 좋은지 알지 못하고 있다. (…) 나를 편애하는 독자들에게 주는 선물은 '무소유無所有'보다 더 좋은 것이 없지 않을까 마음 속으로 생각해 본다.1

누구나 다 알고 있는 종점, 무덤은 가만히 둬도 누구나 다 거기로 간다. 우리 모두가 알고 있는 방향이다. 문제는 '어떻게 가는가'이다. '거기까지 가는 길'은 스스로 알고서 찾아가야 하니, 노신은 쿨하게 말한다. 자신의 글을 사랑하는 독자들에게 줄 것이 하나도 없다! 오직 '무소유'뿐, 빈손으로 그 길을 알아서 찾아가라고 권한다.

천리포수목원의 민병갈 무덤을 찾다

스승인 무덤, 거기까지 가는 길을 미리 훤히 알고 있었던 사람이 있다. 삶을 바쳐 나무를 심었던, 귀화 미국인 민병갈(미국명: 칼 페리스 밀러Carl Ferris Miller)이다. 그는 나무와 결혼했다. 평생 나무만을 자식처럼 키웠다.

나무는 한 곳에 어리석게 곧게 서서, 평생을 지낸다. 스스로 옮겨 다니지도 못한다. 그 자리에서 치열하게 산다. 말 그대로 우직愚直하다. 식물원의 식植 자는 나무 '목'에다 곧을 '직' 자이다. 이 글자에서, 정직 · 충직 · 강직 등의 어휘에서 보는 '곧게 나아가는' 인문적 상상력을 만난다. 하늘의 해와 달과 별, 땅의 높은 산과 언덕과 평지 그 '수많은'(=十) '눈들'(=目)이 쳐다보니 '감추고 숨길'(隱→ㄴ) 수 없어 그냥 어리석고 착하게만 자라는 저 곧고 곧은[直] 나무들[木].

민병갈이 그랬다. 그의 생애는 그가 가꾼 수목원의 나무처럼, 그곳에서 성장하고, 번식했다. 그 흔적은 고스란히 '천리포수목원'이 되었다. 이 수목원은 민병갈의 삶을 간직한 타임캡슐이라 해도 좋다.

천리포수목원 풍경

그는 죽어서도 자신이 사랑하던 나무 밑에 묻히길 원했다. 그의 뜻대로, 결국 그는 나무 밑에 묻혔다. 나는 민병갈이 일생을 바쳐 만든, 이 '천리포수목원'(정식 이름은 '세상에서 가장 아름다운 천리포수목원')이 궁금해졌다. 그곳을 찾고, 그가 묻힌 곳을 내 눈으로 확인하고 싶어졌다.

만리포에서 만난 '무량한 빛'

5월 중순, 햇살을 가르며, 대구에서 천리포수목원으로 가는 길은 멀다. 충남 태안의 만리포 해수욕장에 도착했을 때, 노을이 막 지기 시작하였다. 서해안의 낙조는 아름답다. 떨어지는 것, 사라지는 것이 어찌 저렇게도 곱고 찬란할 수 있을까. 반짝이는 은모래. 구구절절 애타는, 연서戀書 같은 노을. 그 위를 천진난만 발랄하게 뛰노는 아이들, 연인들.

이 대목에 서면, 오래된 저 문주란의 「낙조」(영화주제가, 1968) 같은 애절한 노래는 차마 이해가 안 된다.

> 노을 지는 강물 위에 물새가 슬피 울면
> 강바람이 쓸쓸하게 물결 따라 불어오는데
> 언제까지나 영원토록 잊지 못할 그 사람
> 슬픈 사연에 슬픈 사연에 이 밤도 목이 메인다.

이제 '슬피~슬픈~목이 메인' 이런 아픔의 어휘들이 차츰 우리에게서 멀어져 갔으면 좋겠다. 무량 무량한 빛 때문에 우리가 살아 있다면, 무량광불無量光佛을 기리는 사람들의 마음처럼 빛은 곧 생명이고 수명이고 희망이거늘, 왜 낙조를 그렇게 슬프다고만 하는가.

몇 해 전, 네덜란드에서 가족과 1년을 머물 기회가 있었다. 여름날, 덴하그(헤이그) 근처의 어느 바닷가로, 찬란한 일몰 구경을 간 적이 있다. 일몰이 마치 일출 같다는 착각을 했다. 커피를 마시며 해가 떨어지는 바다 속으로 눈길이 점점 빠져들면서 웃음을 감추지 못하던 네덜란드 사람들. 그들에겐 슬픈 일몰이 아니라 황홀한 일출인 듯했다. 서쪽 바닷가에 발붙인 그들의 서녘은 곧 그들의 '극락정토極樂淨土'처럼 느껴졌다.

만리포의 낙조

만리포도 그랬다. 서녘 하늘이 어쩌면 저렇게 따사로울까. 아미타불阿彌陀佛이 계신 듯. 그분은 무한한 목숨을 가진 분(아미타유스, amita-yus, 無量壽)과 무한한 빛을 가진 분(아미타브하, amita-bhas, 無量光)이다. 오랫동안 수행하여 10겁劫 전에 이미 부처가 되어 서녘 저 '극락(안락)'이라 불리는 정토에서 설법하고 계신단다. 이분을 만나려면, 지금 여기서 서쪽으로 십만 억(현대의 숫자 계산으로 친다면 십만 조) 개의 정토를 밟고 지나서야 겨우 닿을 수 있단다. 타박타박 내 발로 걸어서 가기에는 너무도 아득하다. 그럴까. 아니다! 단 한 번이라도 그분의 이름을 간절히 외치기만 하면, 마음속으로 기어코 만날 각오가 있다면 언제 어디서나 곧바로 만날 수 있으리라. 무한의 시간을 단박에 뛰어넘어, 아미타불 계시는 문턱을 넘어 뻔질나게 왕래할 수 있으리라. 눈 감고 누워서 달에도, 별에도 다녀오듯이.

햇살 반 물결 반의 해안을, 신발을 벗어들고, 검푸른 수평속으로, 맨발로 걸어 들어간다. 맨발로, 내 몸을 바칠 각오로 그 빛의 바다에 들어선다.

똑딱선 기적소리 젊은 꿈을 싣고서
갈매기 노래하는 만리포라 내 사랑
그립고 안타까워 울던 밤아 안녕히
희망의 꽃구름도 둥실둥실 춤춘다~♪

예전에 듣던 「만리포 사랑」(반야월 작사, 김교성 작곡, 박경원 노래, 1958)의 무대가 여기였다니. 슬쩍~, 준비해 갔던 하모니카를 꺼내, 불어 본다. 누가 듣든 말든 '즉흥'에, '젊은 꿈…… 그립고 안타까움…… 안녕!' 이런 어휘들을 잠시나마 떠올려 본다. 여하튼 만리포는 주연급 배우이고, 그 덕에 옆으로, 옆으로 조연급 배우들이 쭈욱~ 달라 붙어, 함께 잘 먹고 살아간다. 만리포해변의 북측으로 천리포, 그리고 백리포 해변이 이어지는데, '만리'니 '천리'니 '백리'니 하는 말들은 그냥 충청도식으로 '거시기한 농담' 쯤으로 들어 주면 된다. 백사장이 길다는 것을 강조한 것이라 일일이 따질 것 없다.

나무와 결혼, '천리포수목원'을 돌보다

미국 펜실베이니아 태생인 칼 페리스 밀러는 1945년 미군 정보장교로 한국에 왔다가 1979년 민병갈閔丙渴이라는 이름으로 귀화했다. 아마도 밀러를 '민', 칼을 '갈', 페리스를 '병'으로 옮겼다고 생각되는데, 특히 '갈'이란 한자는 물이 깊고 넓거나 맑다는 뜻이다.

어째서 그가 천리포로 왔을까. 내용은 이랬다. 1950년대 말 한국은행 고문직에 있을 때였다. 여름휴가 때면 으레 만리포해수욕장을 찾았는데, 낙조에 큰 매력을 느꼈던 것 같다. 그런데 1962년 여름, 천리포에서 운명적인 일이 벌어졌다. 민병갈이 만리포를 찾았다가 이웃해 있는 천리포로 산책했을 때였다. 마침 마을 노인으로부터 딸의 혼수비용이 필요하니 자신의 야산 6,000평을 사달라는 것이었다. 은행에 다니고 믿음직하여 청을 들어줄까 생각했던 탓일까. 의외의 부탁이지만 민병갈은 노인의 딱한 사정을 듣고 돕는 셈 치고 그것을 샀단다. 그 야산 6,000평이 지금의 18만여 평 수목원을 이룬 단초였는데, 글쎄, 당시 한 미국인이 땅을 샀다는 소문이 돌자 당시 가난했던 천리포 주민들이 들썩였다. 땅주인들이 여기저기서 자기 땅도 사 달라며 찾아와 졸라댔다. 그 이듬해부터 그는 황폐한 땅들을 조금씩 사들여, 1966년 말에 1만 9,000평, 1970년에는 드디어 천리포를 아담한 자연동산으로 꾸밀 각오를 한다. 이래서 우리나라 최초의 사립수목원이 탄생한다. 수목원장 민병갈은 1979년 한국인으로 귀화하여 2002년 81세로 세상을 떠날 때까지, 독신으로 살며 이곳을 떠나지 않았다. 그는 나무와 결혼하여 살았고 자식 대신 수많은 나무를 길렀다. 그게 혈육이었다. 그는 여행을 다니면서 국내 수목 가운데 희귀종과 자생종을 수집했다. 특히 '호랑가시나무 · 목련 · 단풍나무 · 동백 · 무궁화' 이 다섯 가지에 관심이 집중됐는데, 이 가운데 호랑가시나무와 목련을 가장 아꼈다 한다. 그가 수집한 목련나무의 경우, 무려 700여 종이라니, 놀랍다. 목련의 계절에, 700의 향기와 빛깔로 눈뜨는 무량한 생명을 만나고 싶다.

민병갈 사후, 식물원 측은 식물전공자나 후원자에게만 공개해 왔지만, 2009년 생태교육장으로 활용하기 위해 일반인에도 개방했다. 물론 전부는 아니고 천리포수목원이 소유한

천리포수목원에서 본 낭새섬

7개 구역 중 한 곳, 즉 민병갈의 이름을 딴 '밀러가든Miller's Garden'뿐이다. 그나마 일부라도 볼 수 있어 다행이다.

바닷가에 위치한 천리포수목원은 일부가 해변에 맞닿아 있다. 한국적인 것을 아끼고 사랑하던 그는 초가집과 논이 어우러진 풍경을 특히 좋아했으며 수목원 내부에는 해변을 따라 트레킹 코스인 '노을길'이 조성돼 있다. 파도 소리, 새소리, 낙조……. 민병갈도 들었을 그 자연의 음악과 색조를 우리도 놓칠 순 없다. 벤치에 앉아 바라보면 '낭새섬'이 보인다. 민병갈은 수목원 낭떠러지에 둥지를 틀고 살았던 낭새(=바다직박구리)가 다시 돌아오길 기다리며, 그 섬의 이름을 그렇게 붙였다는데, 오지 않는 것일수록, 더 그리워지는 법.

2. "묘 쓸 자리에 나무 한 그루라도 더 심어라"

천리포수목원의 민병갈, 그 삶의 의미

현재 명명된 '세상에서 가장 아름다운 천리포수목원'에 들어서면, 무엇보다도 다음의 4종 세트를 놓쳐선 안 된다: ①'고 민병갈의 흉상', 그 바로 앞에 그가 생전에 좋아했던 ②'개구리 조각', 그 오른쪽 옆에 그가 국내 최초로 발견한 ③'완도호랑가시나무', 그리고 맨 앞쪽 오른쪽의 ④'민병갈 목련'(태산목 리틀잼).

민병갈 기념 흉상과 그가 묻힌 나무

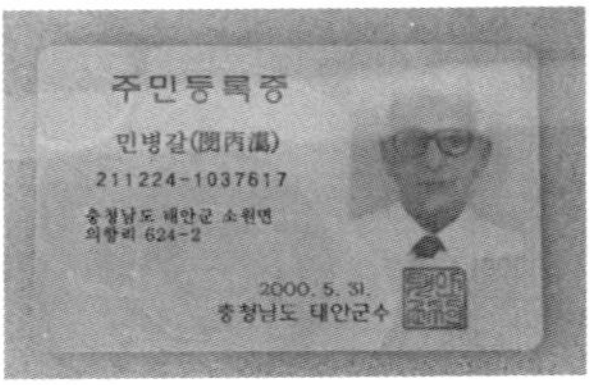

민병갈 주민등록증

민병갈은 그가 사랑했던 목련('민병갈 목련') 밑에 묻혀 있다. 저 세상에 가면 '천리포수목원'의 개구리로 다시 태어나기를 바랐던 그의 꿈을 받들어 흉상 옆에 작은 개구리 조각을 두었다. 그의 삶은, 이렇게 단순화 · 추상화되어 간결한 의미로 환생해 있다. 쭈욱 지켜보니 참 아쉽다. 대부분의 관람객들이 이런저런 나무 설명에만 몰두하고, 그가 살았던 삶의 의미를 스윽 지나쳐 버리고 만다.

민병갈은 생전에 "내가 죽거든 묘 쓰지 마라, 묘 쓸 자리에 나무 한 그루라도 더 심어라"라고 당부했단다. 그게 유언이었는데, 수목원 직원들은 차마 묘를 쓰지 않을 수 없어 수목원 내 비공개 지역에 그를 일단 묻어 두었다. 그 10년 뒤, 시신을 수습해 뼛가루를 '민병갈 목련'이라 부르는 '태산목 리틀잼' 아래 다시 묻었다.

민병갈이 묻힌 '민병갈 목련'에서, 마치 송광사 불일암의 후박나무 아래, '법정스님 계신 곳'에서 느꼈던 나무의 인자함, 사람의 체온이 배인 듯 술렁술렁 나뭇잎의 흔들림이 내

맥박처럼 느껴졌다.

나무는 우직하다. 민병갈처럼, 아니 민병갈이 사랑했던 개구리처럼, 개구리를 닮은 한국인처럼. 민병갈이 개구리를 좋아했던 이유가 있다. "끔뻑거리는 개구리의 두 눈은 굉장히 느려 보여요. 그러다 상황이 급해지면 얼마나 빠르게 움직이는지 모릅니다. 한국사람들은 순하고 착한데 시련이 닥치면 물불 안 가리고 열심히 일하잖아요. 개구리가 그 모습을 닮았다니까요! 난 한국 사람들 닮은 건 무엇이든지 좋아해요."('민병갈기념관' 전시물 글 가운데서)

너른 연못을 배경으로 지어진 '민병갈기념관&밀러가든갤러리'의 2층에는 민병갈을 기념하는 전시물들이 있다. 그 가운데 정갈하게 기록한 일기, 한글을 열심히 공부한 흔적, 틈틈이 수집해 둔 한국인들의 화투, 그가 사용한 명함이나 주민등록증 같은 신분증들이, 눈에 띈다.

그런데, 참 아쉽다. 어디에도 민병갈 관련 책자를 파는 곳이 없다. 기념관에도 기념품 가게에도. 그를 다시 만날 수 있는 기회를 잃고 말았다.

돌아오는 길, '신두리 사구沙丘' 모래언덕에서

천리포를 떠나, 돌아오는 길에 국내 최대 모래언덕 '신두리 사구'에 들렀다. 천리포수목원에서 멀리 않은 곳이다. 편안한 모래언덕. 아, 언덕이라!

언덕은 어딘가를 '바라보는 곳'이고 또 '무언가-누군가를

신두리 사구

기다리는 곳'이다. 더 높아지면 우뚝 솟은 산꼭대기일 거고, 더 낮아지 평지일 거다. 그저 적당한. 높지만 그렇게 높지도 않고. 약간 낮지만 그렇게 낮지도 않은, 심리적으로 평온한, 불안하지 않은 장소-지점이 언덕이다. '전망'과 '여망 · 기대 · 기다림'에 알맞은, '경계警戒 · 주의注意 · 집중集中'에서 유리한 곳이다. 삶의 온갖 '불안'으로부터 벗어난, 안정된 공간의 확보는 인간이 생존 본능에서 익힌 환경-터-풍수-위상학적 지혜일 것이다. 희미한 옛사랑의 그림자, 사랑[仁]을 찾아서 도달하는 곳이 언덕이고, 무덤이다. 모두 그곳으로 돌아가고자 한다.

『예기禮記』「단궁檀弓 · 상」에 재미있는 대목이 보인다.

군자가 말하기를, "음악은 그 저절로 생겨나는 바를 즐거워하는 것이고[樂樂其所自生], 예는 근본(=자신을 있게 한 선조)을 잊지 않는 것이다[禮不忘其本]. 옛사람의 속담에는 '여우가 죽을 때에 머리를 자기가 살던 굴이 있는 언덕을 바로 향하는 것은 인仁(어짊=삶의 초심을 잊지 않는 마음)이다[狐死正丘首 仁也]'"라고 하였다.

생명의 원초를 드러내는 '악樂', 자신의 뿌리에 대한 경의의 표현인 예禮처럼, 삶(생명)의 초심을 잊지 않는 마음인 '인仁'을 나열한 것이다.

"찔레꽃 붉게 피는 남쪽나라 내 고향 언덕 위에 초가삼간 그립습니다." 유행가 「찔레꽃」의 가사 앞 대목이다. '남쪽~고향~언덕~초가삼간~그리움', 이런 낱말로 짜여 있다. 또 하나 더 있다. "실버들 늘어진 언덕 위에 집을 짓고 정든 님과 둘이 살짝 살아가는 초가삼간 세상살이 무정해도 비바람 몰아쳐도 정이 든 내 고향 초가삼간 오막살이 떠날 수 없네." 유행가 「초가삼간」의 가사이다. '실버들~늘어짐~언덕~정듦~님~초가삼간~오막살이'라는 낱말로 돼 있다. '언덕+초가삼간' 세트는, 명절 선물세트처럼, 참 특이한 조합의 '공간 시학詩學'을 보여 준다. 실루엣만 남기면 무덤–젖가슴–반달 같은 이미지일 테다. 이런 미니멀리즘은 어디서 온 것일까.

여하튼 위의 노래에 나오는 '언덕'은 걸음을 포기한 체념의 장소나 묵상과 침묵의 자리가 아니다. 숨소리가 들리고 살아 움직이는, 생신生身이 더디고 느리게 걷다가 쉬는 곳이다. 잠시, 못 이긴 듯, 흔들흔들 실버들처럼 정주하는 곳이다. 그래서 실버들 늘어진-초가삼간-오막살이면 된다. 많은 소유욕이 필요치 않다. 소유의 거처지가 아니라 존재의 거처지이다. 모든 존재들의 모공이 열려 있는 곳이다. 자발적 비움과 능동적 쉼의 형식만이 있는 곳이다. 자신을 세계에 다 열어놓는, 모두 풀어놓는 곳(쉼터)이다.

수구초심首丘初心이라는 말이 있다. 수구지심首丘之心 또는 구수丘首나 호사수구狐死首丘 등으로도 표현하는데, 여우가 죽을 때가 되면, 태어나서 어미젖을 빨고 뛰놀며 자라난, 추억의 굴窟이 있는 언덕을 향해 머리를 둔다는 말이다. 나이가 들면 누구나 고향을 그리워한다는 것을 비유한 것이다.

고향은, 원초적으로는, 나의 '살결이 닿고' '폭 안겨 봤던' 그 살가운 추억과 따스한 느낌이 공존하는 엄마의 품이고, 자궁이고, '백골이 진토塵土 되는' 천지산천(=대지)이고, 무덤이다.

『예기』「단궁 · 상」에 나오는 이야기 한 대목이다. 위衛나라의 대부 공숙문자公叔文子와 거백옥蘧伯玉이 하구瑕丘라는 언덕에 올라가 산책하였는데, 공숙문자가 앞서가고 거백옥이 뒤를 따랐다. 공숙문자가 즐거워하면서 말했다. "좋구나! 이 언덕이. 나는 죽으면 이곳에 묻혔으면 하네[樂哉 斯丘也 死則我欲葬焉]." 바로 이 대목에서 언덕은 무덤으로 연결된다는 것을 알 수 있다. 우리도 "뒷동산에 묻히고 싶다"고 표현하지 않던가.

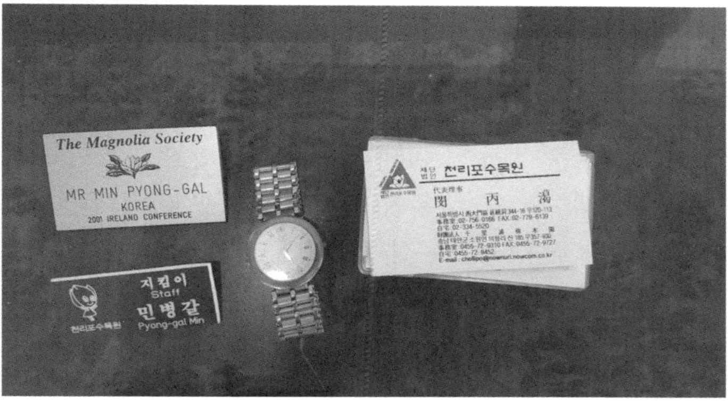

민병갈의 유품

뒷동산이 자연스레 무덤으로 연결되는 것처럼, 우리에게는 언덕=무덤이라는 무의식이 작동한다. 이렇게 언덕은 '자궁 → 젖가슴 · 배 → 언덕 · 초원 · 오름 → 굴 · 무덤'이라는 어휘들과 인지적 유동성을 가지며 서로 가족관계를 맺는다.

나는 신두리 사구를 맨발로 이리저리 한참을 돌아다녔다. 맨발바닥에 스치는 날카로운 풀들의 저항도, 해당화 군락의 꽃잎도, 모두 따스하다. 민병갈도 이곳 모래언덕에 와서, 그 어딘가 먼먼 바다를 바라보았으리라. 우두커니 서서, 해변의 모래와 그 바람을 견딘 풀들을. 그래도 그의 머릿속에는 여전히 '천리포수목원' 생각뿐이었으리라. 겟국과 버무린 배추에 꽃게 · 새우 등을 넣고 시원하게 끓인 게국지처럼 한국인들을 사랑했던 그의 머릿속엔 여전히 소금기 같은 인정에 붙들린, 십리포 · 백리포 · 천리포 · 만리포가 주마등처럼 떠올랐지만, 그 가운데 사랑이 머문 곳은 천리포의 수목원이었으리라.

지난밤, 나는 썰물이 진 바다의 속살을 맨발로 느끼고 싶어, 타박타박 해안을 닮은 만리포의 꾸부정한 어둠을 따라, 무작정 고랑 진모래에 내 살결을 대고 걸어 들었다. 결국 나도 언젠가, 이 땅에, 흔적 없이 썰물처럼 저곳 어딘가로 스며들어야만 한다고 생각했다. 아니 오늘 · 여기, 이 순간, '찰나생 찰나멸'을 기뻐하며, 돌아서야만 한다고.

미주

가네코 후미코金子文子(1903~1926)
일제에 항거했던 아나키스트 일본 여인!

1. 가네코 후미코(조정민 역), 『나는 나: 가네코 후미코 옥중수기』, 산지니, 2012, 344쪽 맺음말.
2. 야마다 쇼지山田昭次(정선태 역), 『가네코 후미코』, 산처럼, 2003, 표지 뒷면.
3. 볼프강 조프스키(이한우 역), 『안전의 원칙』, 푸른 숲, 2007, 104쪽.
4. 가네코 후미코, 앞의 책, 맺음말.
5. 제3회 피고인 심문, 1924; 앞의 책, 쪽 재인용.
6. 박경리, 『일본산고日本散考』, 2013, 마로니에북스, 66쪽.
7. 앞의 책, 192쪽.
8. 앞의 책, 189쪽.
9. 가네코 후미코, 앞의 책, 8쪽.
10. 원문을 맞춤법에 맞게 바로잡고, 알기 쉬운 한자는 한글로 바꾸며 단락을 임의로 나누었다. 아울러, 독자들을 위해서 야마다 쇼지의 『가네코 후미코』 한글 번역본에 실려 있는 '비문'(정선태 역, 307~8쪽)의 오자도 바로잡았음을 밝혀둔다.
12. 야마다 쇼지, 앞의 책, 123~4쪽 참조.
13. 앞의 책, 389쪽.
14. 앞의 책, 371~2쪽.
15. 앞의 책, 384쪽.
16. 앞의 책, 302쪽.
17. 앞의 책, 232쪽 참조.
18. 앞의 책, 245~6쪽 참조.
19. 앞의 책, 304쪽 참조.
20. 앞의 책, 305쪽에서 재인용.

21. 가네코 후미코, 앞의 책, 336~7쪽.
22. 야마다 쇼지, 앞의 책, 219쪽 참조.
23. 앞의 책, 382~3쪽.
24. 박홍규, 『까뮈를 위한 변명』, 우물이 있는 집, 2003, 23쪽.
25. 앞의 책, 37~8쪽.
26. 앞의 책, 280~1쪽 참조.
27. 앞의 책, 281쪽.
28. 가네코 후미코, 앞의 책, 238쪽.
29. 야마다 쇼지, 앞의 책, 350쪽.
30. 가네코 후미코, 앞의 책, 183쪽.
31. 앞의 책, 104쪽.
32. 앞의 책, 106~9쪽 참조.
33. 야마다 쇼지, 앞의 책, 53쪽.
34. 앞과 같음.
35. 가네코 후미코, 앞의 책, 300쪽.
36. 앞의 책, 85~6쪽.
37. 앞의 책, 86~8쪽.
38. 앞의 책, 89쪽.
39. 앞의 책, 154~5쪽.
40. 앞의 책, 144~5쪽.
41. 앞의 책, 168쪽.
42. 앞의 책, 140~1쪽.
43. 앞의 책, 93~4쪽.
44. 야마다 쇼지, 앞의 책, 35쪽 참조.
45. 가네코 후미코, 앞의 책, 99~100쪽 참조.
46. 『부강면지芙江面誌』, 부강면지발간위원회, 2015, 313쪽 참조.
47. 야마다 쇼지, 앞의 책, 351쪽.
48. 앞의 책, 351~2쪽.
49. 『부강면지』, 앞의 책, 762쪽.
50. 가네코 후미코, 앞의 책, 145~6쪽.
51. 앞의 책, 131쪽 참조.
52. 앞의 책, 133쪽.

53. 『부강면지』, 앞의 책, 765~6쪽 참조.
54. 가네코 후미코, 앞의 책, 104쪽 참조.
55. 앞의 책, 133쪽.
56. 앞의 책, 134쪽.
57. 앞의 책, 270~1쪽.
58. 앞의 책, 282쪽.
59. 야마다 쇼지, 앞의 책, 385~6쪽.
60. 가네코 후미코, 앞의 책, 298쪽.
61. 앞의 책, 300쪽.
62. 앞의 책, 317쪽.
63. 앞의 책, 337쪽.
64. 앞의 책, 339~40쪽.
65. 야마다 쇼지, 앞의 책, 115쪽.
66. 앞의 책, 195쪽.
67. '오구마 히데오 주석' 추가
68. 앞의 책, 387쪽.

한하운韓何雲(1919~1975)
아흐, 꽃같이 서러운 나병시인!

1. 『한하운 전집』, 문학과지성사, 2010, 165~6쪽.
2. 앞의 책, 49쪽.
3. 앞의 책, 83쪽.
4. 앞의 책, 69쪽.
5. 앞의 책, 538쪽.
6. 앞의 책, 127~8쪽.
7. 앞의 책, 525쪽, 「생명과 자학自虐의 편력遍歷」.
8. 앞의 책, 538~9쪽, 「전라도 길—소록도 가는 길에」.
9. 앞의 책, 536~7쪽, 67쪽, 「전라도 길—소록도 가는 길에」 일부.
10. 앞의 책, 98~9쪽, 「인골적人骨笛」 일부.
11. 앞의 책, 40쪽.

12. 프리드리히 니체(임수길 역), 「제2편 삶에 대한 역사의 공과」, 『반시대적 고찰』, 청하, 1982, 109~11쪽.
13. 『한하운 전집』, 71쪽.
14. 앞의 책, 680쪽.
15. 앞의 책, 94~5쪽
16. 정근식 책임편집, 『소록도 100년: 한센병 그리고 사람, 백년의 성찰』(역사편), 국립소록도병원, 2017, 157쪽; 정근식 책임편집, 『사진으로 보는 소록도100년: 한센병 그리고 사람, 백년의 성찰』, 국립소록도병원, 2017, 86쪽 참조.
17. 앞의 책, 156~7쪽(인용문은 필자가 일부 문장을 수정 · 보완하였음).
18. 서기재, 「한센병을 둘러싼 제국의학의 근대사 -일본어 미디어를 통해 본 대중관리의 전략-」, 『의사학』 26권 3호, 대한의사학회, 2017.12, 420~4쪽 참조.
19. 정근식 책임편집, 『사진으로 보는 소록도 100년: 한센병 그리고 사람, 백년의 성찰』, 국립소록도병원, 2017, 86쪽 참조.
20. 앞의 책, 37쪽.
21. 서기재, 앞의 책, 425~34쪽.
22. 앞의 책, 434~5쪽.
23. 『한하운 전집』, 87쪽, 「해변에서 부르는 파도의 노래」 일부.
24. 정근식, 앞의 책, 38쪽.
25. 앞의 책, 34쪽.
26. 『소록도 한센병환자의 강제노역에 관한 조사』, 일제강점하강제동원피해진상규명위원회, 2006, 14쪽.
27. 김재현 엮음, 『소록도 100년의 이야기 1916~2016』, KIATS, 2016, 26~7쪽.
28. 정근식, 앞의 책, 138쪽 재인용.
29. 앞의 책, 139쪽.
30. 정근식, 앞의 사진 책, 65쪽 재인용.
31. 『한하운 전집』, 33쪽
32. 정근식, 앞의 책, 19~24쪽 참조.
33. 서기재, 앞의 책, 428~9쪽 참조.
34. 정근식, 앞의 책, 143쪽 참조.
35. 『구술사료선집 1: 한센병, 고통의 기억과 질병 정책』, 국사편찬위원회, 2005, 258~9쪽.

36. 서기재, 앞의 책, 427쪽 참조.
37. 『미당 서정주 시 전집』, 민음사, 1983, 37쪽.
38. 정근식, 앞의 사진 책, 102쪽.
38. 『한하운 전집』, 205쪽, 「희噫 50년 〈소록도 병원 50주년 기념에〉」 일부.
40. 앞의 책, 163~4쪽. 2연 2행은 한하운 친필원고에는 '추억같이…….'로 마침표가 있으나, 『한하운 전집』에는 '추억같이……'로 잘못되어 있다. 친필원고를 보면, 한하운은 「신설新雪」을 다 쓰고 나서 퇴고를 하다가 2연 '추억처럼…… / 추억처럼…….'을 추가한 것을 알 수 있다.

김류金瀏(1814~1884)

거문도 '둥긂'의 실학자

1. 조혜덕, 『명품의 조건』, 아트북스, 2016, 24쪽 참조.
2. 『귤은재유고』 권2.
3. 春畝公追頌會, 『伊藤博文傳』 下卷 참조.
4. 주영하, 「국역 '해상기문' 발간사」, 김유, 『국역 해상기문: 러시아의 첫 외교문서(1854)』, 8쪽 참조.
5. 곽영보, 「포의한사布衣寒士 귤은 김유 선생」, 김유, 『국역 해상기문: 러시아의 첫 외교문서(1854)』, 15쪽, 일부 문장 수정.
6. 장한철, 『표해록』, 신묘년 정월 10일조.
7. 曹先擢, 『중국어한자의 어원』, 송강호 역, 지식과 교양, 2011, 190~1쪽 참조.
8. 강기준, 「"관리할 자식 없다" 조상 무덤 파내는 노인들」, 『머니투데이』, 2019. 3. 10.

성철性徹(1912~1993)
해인사 초대 방장

1. 이 내용은 성철선사상연구원에서 발행하는 『고경』 06(2018 Vol.62)에 실렸던 글을 보완하여 연재함을 밝혀 둔다.
2. 『원각경圓覺經』 참조.

법정法頂(1932~2010)
무소유 청졸淸拙 스님

1. 이 내용은 성철선사상연구원에서 발행하는 『고경』 07(2018 Vol.63)~08(2018 Vol.64)에 실렸던 글을 수정하여 연재함을 밝혀 둔다.
2. 박홍규, 『카페의 아나키스트, 사르트르 - 자유를 위해 반항하라』, 열린시선, 2008, 48쪽.
3. 앞의 책, 35쪽.
4. 법정, 『아름다운 마무리』, 문학의 숲, 2008, 137~8쪽.
5. 최승자, 『내 무덤, 푸르고』, 문학과지성사, 1993, 18쪽.
6. 조은, 『무덤을 맴도는 이유』, 문학과지성사, 1996, 80쪽.
7. 서정주, 「질마재신화」, 『(미당 서정주 자선시집)민들레꽃』, 정우사, 1994, 123쪽.
8. 『미당 서정주 시 전집』, 민음사, 1983, 285쪽.
9. 『박목월 시 전집』, 서문당, 1984, 125~6쪽.

민병갈閔丙渴(1921~2002)
한국 최초의 사립수목원 설립자

1. 노신魯迅(홍석표 역), 『무덤墳』, 그린비, 2011, 437쪽.

최재목의 무덤기행

어떻게 살 것인가

초판 1쇄 2024년 7월 31일

지은이 최재목
펴낸곳 영남대학교출판부
펴낸이 최외출
출판등록 1975년 9월 5일 경산 제16-1호
주소 경북 경산시 대학로 280
전화 053-810-1802~3
팩스 053-810-4722
홈페이지 book.yu.ac.kr

ISBN 978-89-7581-961-2 03810

'열린시선'은 영남대학교출판부의 브랜드입니다.